D0994298

Directrice de collection : Aline Apostolska
Infographie : Chantal Landry
Correction : Brigitte Lépine

Catalogage avant publication de Bibliothèque et
Archives nationales du Québec et Bibliothèque et
Archives Canada

Apostolska, Aline,

De quoi j'ai l'air?

(C'est quoi le rapport? ; 2)
Pour les jeunes de 12 à 14 ans.

ISBN 978-2-7619-3453-4

1. Beauté corporelle - Ouvrages pour la jeunesse. 2.
Troubles du comportement alimentaire - Ouvrages
pour la jeunesse. 3. Confiance en soi - Ouvrages pour la
jeunesse. I. Mercier, Marie-Josée. II. Titre.

RA776.5.A66 2013   j646.7   C2013-940442-2

Gouvernement du Québec – Programme de crédit
d'impôt pour l'édition de livres - Gestion SODEC -
www.sodec.gouv.qc.ca

L'Éditeur bénéficie du soutien de la Société de
développement des entreprises culturelles du Québec
pour son programme d'édition.

Conseil des Arts   Canada Council
du Canada   for the Arts

Nous remercions le Conseil des Arts du Canada de
l'aide accordée à notre programme de publication.

Nous reconnaissons l'aide financière du gouvernement
du Canada par l'entremise du Fonds du livre du Canada
pour nos activités d'édition.

03-13

Dépôt légal : 2013
Bibliothèque et Archives nationales du Québec

ISBN 978-2-7619-3453-4

DISTRIBUTEURS EXCLUSIFS :

Pour le Canada et les États-Unis :
MESSAGERIES ADP*
2315, rue de la Province
Longueuil, Québec J4G 1G4
Téléphone : 450-640-1237
Télécopieur : 450-674-6237
Internet : www.messageries-adp.com
* filiale du Groupe Sogides inc.,
  filiale de Québecor Média inc.
Pour la France et les autres pays :
INTERFORUM editis
Immeuble Paryseine, 3, allée de la Seine
94854 Ivry CEDEX
Téléphone : 33 (0) 1 49 59 11 56/91
Télécopieur : 33 (0) 1 49 59 11 33
Service commandes France Métropolitaine
Téléphone : 33 (0) 2 38 32 71 00
Télécopieur : 33 (0) 2 38 32 71 28
Internet : www.interforum.fr
Service commandes Export - DOM-TOM
Télécopieur : 33 (0) 2 38 32 78 86
Internet : www.interforum.fr
Courriel : cdes-export@interforum.fr
Pour la Suisse :
INTERFORUM editis SUISSE
Case postale 69 - CH 1701 Fribourg - Suisse
Téléphone : 41 (0) 26 460 80 60
Télécopieur : 41 (0) 26 460 80 68
Internet : www.interforumsuisse.ch
Courriel : office@interforumsuisse.ch
Distributeur : OLF S.A.
ZI. 3, Corminboeuf
Case postale 1061 - CH 1701 Fribourg - Suisse
Commandes :
Téléphone : 41 (0) 26 467 53 33
Télécopieur : 41 (0) 26 467 54 66
Internet : www.olf.ch
Courriel : information@olf.ch
Pour la Belgique et le Luxembourg :
INTERFORUM BENELUX S.A.
Fond Jean-Pâques, 6
B-1348 Louvain-La-Neuve
Téléphone : 32 (0) 10 42 03 20
Télécopieur : 32 (0) 10 41 20 24
Internet : www.interforum.be
Courriel : info@interforum.be

ALINE APOSTOLSKA et MARIE-JOSÉE MERCIER

De quoi j'ai l'air ?

LES ÉDITIONS DE
L'HOMME
Une société de Québecor Média

Le printemps s'est imposé sans crier gare. Allégresse et verdeur se sont répandues sur la ville, comme pour l'extirper de son hibernation. Il fait beau, mais pas encore très chaud. La lumière se glisse entre les bourgeons et ses éclats constituent autant de clins d'œil espiègles, de promesses de journées plus longues, de soirées plus douces, d'invitations à s'ébrouer, à s'étirer, à mesurer la force de son corps à celle de la nature radieuse.

Retourner jouer dehors. S'exposer. Risquer son corps sous le regard des autres. C'est ce que sous-entend l'invitation, mais cette partie-là n'est pas toujours la plus agréable. En tout cas, pas pour tout le monde. Ce n'est pas forcément bienveillant, un regard. Pas toujours printanier. Il y a bien trop de regards sous lesquels on peut se sentir soudain en plein hiver, même par une belle matinée de printemps.

Des regards qui, au lieu de nous encourager à nous découvrir, nous poussent plutôt à nous recroqueviller, à retourner sous des couches de vêtements qui, comme des pelures d'oignon, empêchent que l'on pleure avant d'avoir atteint le cœur. Des regards, et le premier de tous, notre regard à nous, qui évolue d'une saison à l'autre, mais qui, au printemps de la vie qu'est l'adolescence, devient sensible et fragile. Être plus ou moins à l'aise dans son corps, assumer plus ou moins facilement son apparence physique, telle est la grande question des femmes en général, et des adolescentes en particulier.

Sur le terrain de l'école, la pelouse s'est redressée, drue et verte, joyeuse d'accueillir les chaussures légères des élèves du secondaire. Giulia, Raphaëlle, Jasmine et Sarah ont quitté leur garde-robe empesée pour privilégier des tenues de circonstance, plus seyantes, ou tout simplement plus confortables, dans lesquelles le corps se laisse deviner.

Jasmine et Giulia sont de celles qui ne se sentent pas très bien dans leur corps. Aussi ne voient-elles pas revenir le printemps avec un plaisir immédiat et appréhendent-elles la réaction des autres à l'école.

Giulia est ronde. Elle l'a toujours été et, malgré ses régimes amaigrissants récurrents (mais souvent incohérents...), elle ne parvient pas à affiner sa voluptueuse silhouette de Méditerranéenne, pareille à celle de sa mère et de ses sœurs, dans la lignée de sa famille italienne. Elle n'en est pas moins jolie, Giulia, avec ses boucles noires qui encadrent son visage ovale qui semble tout droit sorti d'un tableau de Botticelli. Mais Giulia est dotée d'un caractère affirmé et jamais elle n'avouera que son physique la gêne. Elle prétend le contraire, s'obstine à porter les vêtements qui lui plaisent, même s'ils ne s'harmonisent pas très bien à sa corpulence.

« C'est moi qui décide », dit-elle en toutes circonstances, avec autant d'entêtement qu'elle en met pour n'avoir jamais moins de 85 % dans ses résultats scolaires. Pas question de devenir comme sa mère qui se lamente depuis que son mari l'a quittée pour une femme beaucoup plus jeune, abandonnant toutes ses responsabilités sur le dos de sa fille de seize ans. Pourtant, Giulia aime beaucoup son père, même si elle préfère le voir en dehors de la maison. Son modèle, c'est plutôt sa grand-mère paternelle, qui dirigeait la famille dans son village de Sicile. Giulia est vive, autonome, ambitieuse, déterminée. Parfois colérique, d'accord. Et elle se méfie des garçons, parce que, l'amour, c'est compliqué, et elle a autre chose à faire pour le moment.

Alors, même si tout ne lui va pas impeccablement, elle ne veut pas pour autant se restreindre, et surtout pas à cause de l'avis d'autrui. Mais ce n'est pas toujours évident de s'affirmer comme elle le fait. Elle seule sait combien cette attitude franche et positive lui coûte parfois. Le plus difficile, c'est de dissimuler les efforts qu'elle fait.

Par exemple, ce matin, après quelques hésitations devant son miroir en pied, elle décide de mettre une jupe courte en jeans, une veste légère sur son chandail d'école bleu ciel et des ballerines plates. Mouais... La jupe la serre aux fesses et aux cuisses. Tant pis. C'est ce qu'elle a envie de porter aujourd'hui, et si quelqu'un ose la critiquer, elle saura se défendre. C'est pourtant d'une démarche hésitante, moins assurée que d'habitude, qu'elle se dirige vers l'entrée de l'école, tirant sur sa jupe qui remonte à chaque pas.

Jasmine n'a pas de problème de poids et aime les vêtements bien assortis. C'est parce qu'elle ne peut se dénuder que la saison chaude la met mal à l'aise. Elle ne montre jamais ses bras ni ses jambes, enfile toujours des jeans ou des leggings sous ses jolies robes à manches longues ou recouvertes d'un chandail à manches longues. Du coup, excepté le manteau, ses vêtements d'été ne sont pas vraiment différents de ceux d'hiver.

L'obligation d'obéir aux principes religieux de sa famille la stigmatise en la différenciant des autres filles de son âge. Pendant la saison chaude, quand les autres s'habillent légèrement, cette différence s'accentue. Si Jasmine enlève son foulard islamique tous les matins en arrivant à l'école, jamais de jambes ni de bras nus pour elle. Sa jeune sœur Hayat, qui est en secondaire 1, pourrait la dénoncer à leur père, si strict. De plus, Jasmine craint ses frères aînés, très religieux, qui la surveillent de près. Et Maxime, son amoureux depuis deux ans, qui aime tant sa douceur et son petit sourire en coin, qu'en pense-t-il ? Trouve-t-il les autres filles plus séduisantes ? La pudeur, c'est bien, mais il y a des jours où Jasmine voudrait simplement être comme tout le monde. « À quinze ans, je ne peux toujours pas faire ce que je veux », se lamente-t-elle régulièrement auprès de ses amies.

Ses parents ont dû fuir le régime dictatorial de leur pays et se sont retrouvés au Canada, plus parce qu'il est facile d'y immigrer que par réel choix. À cette époque, ses deux frères, âgés alors de dix et douze ans, avaient déjà fréquenté l'école coranique et leurs principes religieux étaient bien ancrés. Arrivée ici à cinq ans, Jasmine se sent Québécoise et adhère aux valeurs de cette société nord-américaine. Sa mère, contre toute attente, reste sa meilleure alliée. Elle aimerait que ses filles aient une vie différente de la sienne, qu'elles travaillent, qu'elles deviennent de vraies Canadiennes, tout comme Giulia, Sarah et Raphaëlle que Jasmine adore, mais sans forcément les envier.

Car, après tout, malgré tous ces obstacles, elle est bien la seule à avoir un amoureux.

En apercevant ce matin le soleil printanier, Jasmine n'a pu retenir un soupir attristé. Devant son placard, elle a longuement hésité avant de choisir une robe gaie et chatoyante aux jolis tons de vert, de bleu et de rouge, bien ajustée à sa taille fine. Avec ses jeans ultra-serrés, ses sandales à plate-forme et ses ongles vernis de rouge, elle serait presque sexy si elle ne devait pas enfiler le chandail informe de l'école par-dessus sa robe.

« C'est bien la peine de soigner sa tenue », pense-t-elle. Mais c'est justement pour éviter les tenues trop voyantes ou provocantes, et pour assurer l'égalité sur le plan de l'habillement, que ce code vestimentaire est imposé depuis deux ans par le règlement de l'école. « Moi, je dois déjà respecter un code vestimentaire hors de l'école, se plaint-elle souvent à ses amies, alors je me sens doublement limitée. » Il reste les cheveux. Quand, en arrivant à l'école, elle ôtera son foulard pour laisser flotter librement sa chevelure sur ses épaules, elle sera plus sûre de son effet sur Maxime.

Devant l'entrée de l'établissement, Jasmine a engagé la conversation avec Giulia, quand soudain celle-ci lâche « *Oh my God!* », détachant chaque syllabe, le regard écarquillé, et incitant Jasmine à se retourner.

Raphaëlle marche vers elles, altière, comme si elle paradait pour un grand couturier ou qu'elle était la vedette d'un film hollywoodien. Le moins que l'on puisse dire, c'est que, physiquement, elle ne s'encombre d'aucun des doutes qui taraudent ses amies Giulia et Jasmine. Son allure est impressionnante, elle le sait et en abuse sans retenue. Elle exulte quand reviennent les beaux jours qui lui donnent le loisir d'exhiber sa silhouette parfaite, ses jambes interminables et sa garde-robe estivale encore plus extravagante que ses tenues d'hiver.

Elle avance, sourire éclatant aux lèvres, avec un déhanchement désinvolte dont elle sait qu'il excite le désir de tous ceux qui la voient. Avec ses longs cheveux relevés, le nombril à l'air sous un microchandail qui dévoile les bretelles de son soutien-gorge, ses jambes nues sous un short qui lui arrive au ras des fesses, elle ressemble à une panthère échappée du zoo! Elle s'arrête soudainement pour remettre du gloss et allumer une cigarette, mais surtout pour jauger l'effet produit par son apparition.

— Si elle le pouvait, elle se promènerait toute nue, commente Giulia avec un dépit non dissimulé.

— Mais elle va jamais pouvoir entrer en classe habillée comme ça, s'inquiète Jasmine. On n'a pas le droit de porter des shorts courts de même.

— Va lui dire ça…, ironise Giulia. Raphaëlle a tous les droits, tu le sais bien, elle les prend.

Elles échangent un regard atterré.

— Elle va encore se faire renvoyer, murmure Jasmine, préoccupée.
— Ça s'peut ben! répond Giulia en haussant les épaules.

Au terme de son long défilé théâtral, Raphaëlle jette sa cigarette et se plante devant ses deux amies en leur adressant un clin d'œil taquin. Arrivée dans cette école en septembre, elle a dû se faire une place, et maintenant elle s'évertue à ne jamais passer inaperçue. Grâce à son physique parfait et à sa chevelure rousse en cascade, toujours maquillée et manucurée, elle attire tous les regards, mais cela ne lui suffit pas. Elle parle en classe, chahute les professeurs et passe presque tous les cours de mathématiques dans le bureau de la psychopédagogue. À ceux qui la rappellent à l'ordre, Raphaëlle répond que « la vie, c'est *chill*! ». Et tant pis pour ceux qui ne l'aiment pas. Adorée de ses parents, de ses deux frères aînés et de toute sa famille, bien qu'elle fût renvoyée de tous les collèges et pensionnats privés qu'elle a fréquentés depuis son entrée au secondaire, elle sait qu'elle peut toujours compter sur les siens. Eux ne la laisseront pas tomber, contrairement à sa mère biologique, une toxicomane qui l'a abandonnée à sa naissance. Raphaëlle n'en parle jamais, mais cette blessure au cœur la rend beaucoup plus sensible et fragile que sa fière allure ne le laisse paraître.

— *So*, les filles, vous en dites quoi? demande-t-elle, tout sourire.

— De quoi? fait Giulia.

— Hey, fais pas ton innocente. Me fais pas croire que t'as pas remarqué mon *look*, tu me regardes depuis tout à l'heure! C'est *hot, right?*

Giulia hausse de nouveau les épaules en secouant la tête.

— *Shit* Raphaëlle, tu sais très bien de quoi t'as l'air! dit-elle. Mais pour entrer dans l'école, ça va être plus difficile.

— Tu m'niaises? répond Raphaëlle, les yeux ronds. J'vais l'mettre, l'affreux chandail de l'école, chu pas innocente à ce point! Pis on a sport ce matin, alors faut un short pour courir et jouer au volley, pas vrai?

— Pas un short comme celui-là, dit Jasmine d'un air sérieux.

— Heyeuu, critique pas mon short, veux-tu? Chu parfaitement à l'aise pour pratiquer n'importe quel sport.

Giulia expire bruyamment, agacée.

— *Fuck*! grogne-t-elle. Éducation physique, j'avais oublié! J'veux pas y aller, j'ai pas envie de courir, et puis j'ai mes menstruations.

— Allez, dit Raphaëlle, tu fais aucune activité physique! C'est pas comme ça que tu vas maigrir.

— Je veux pas maigrir! s'insurge Giulia. Lâchez-moi et occupez-vous de vot' cul!

— Ben, on s'en occupe, justement, contrairement à toi! rétorque Raphaëlle. T'as vu les fesses que t'as? Pourquoi t'as mis cette jupe?

— Elle a bien le droit de mettre ce qu'elle veut, réagit alors Sarah qui vient de les rejoindre, ses éternels écouteurs sur la tête.

Comme d'habitude, Sarah prend la défense de Giulia quand la discussion porte sur le poids ou les goûts vestimentaires de son amie. Poids plume et musculature saillante entretenue par ses nombreuses activités sportives, Sarah est parfaitement bien dans son corps, dans toutes les circonstances et en toute saison, particulièrement l'été, quand elle porte des vêtements légers, bien coupés et colorés. Sarah veut être à l'aise dans ses vêtements, se mouvoir sans avoir chaud ni se sentir exposée aux regards. À l'inverse de Raphaëlle, en somme. Confort et liberté de mouvement guident donc ses choix en matière d'habillement. Ce matin, elle s'est mise au diapason du soleil printanier en revêtant un bermuda de lin à larges carreaux beiges et bruns, assorti à son sac à dos et à ses espadrilles couleur chocolat rapportées d'un voyage dans le Sud de la France avec son architecte de père.

Sarah déteste les excès et les angoisses inutiles, alors elle les évite. Puisqu'elle a besoin d'équilibre, elle mange modérément, dort, sort et étudie normalement, obtient à l'école des résultats satisfaisants. Et elle ne ment jamais. Lucidité, solidarité et vérité sont selon elle les piliers d'une amitié durable. Futée, elle mérite bien son surnom de « *Smart* Sarah ». « Je veux juste une vie normale », répète-t-elle à qui veut l'entendre. Enfant unique, sa famille maternelle vit en Ontario et sa famille paternelle, à New York. Restés bons amis après leur séparation, ses parents, tous deux anglophones, ont choisi de s'installer à une rue l'un de l'autre, ce qui permet à Sarah de vivre harmonieusement en garde partagée. Avec l'adolescence, elle préfère vivre chez sa mère musicienne, mais son père représente un excellent compagnon de voyage. Elle aimerait d'ailleurs exercer le même métier que lui plus tard. Ses parents, de tradition juive, sont athées et l'ont inscrite à l'école publique francophone dès le primaire. C'est là qu'elle a rencontré Giulia, en première année.

Sarah est ravie de commencer la journée par soixante-quinze minutes de sport.

— *Yes*! Ça va être *big* de courir avec ce petit vent dans le dos!

— Ouais, ben, parle pour toi! rétorque Giulia en grimaçant.

Quand retentit la première sonnerie, Sarah se dirige vers l'entrée à grandes enjambées. Raphaëlle lui emboîte le pas de sa démarche provocante, suivie par Jasmine qui, résignée, marche avec précaution sur ses talons hauts. Giulia, de mauvaise humeur, ferme la marche en raclant le sol avec le talon de ses sandales plates.

— Jasmine, attends-moi!

Maxime court pour rejoindre son amoureuse et, discrètement, lui pose un furtif baiser sur le sommet du crâne. Jasmine lève vers lui un regard extasié et rougit en lui adressant son plus beau sourire.

— Ouah! fait-il en lui prenant le poignet. Bien belle, ta nouvelle robe! On se retrouve à midi?

Jasmine hoche la tête de haut en bas et lui donne rendez-vous à la cafétéria. Envolés, le doute et le sentiment de malaise du matin. Maxime a remarqué sa robe. Et il la trouve belle. La journée s'annonce magnifique. Même si elle devra quitter ses plateformes pour des chaussures de sport et courir en rond dans le gymnase!

Jasmine et Sarah sont dans la même classe de secondaire 4; Giulia et Raphaëlle sont dans l'autre. Mais, pour le cours d'éducation physique, trois fois par semaine, les deux classes sont réunies. Les quatre amies se retrouvent donc dans le vestiaire des filles. Y a-t-il au monde un lieu plus redoutable, plus désagréable? Entre elles, les filles ne se font pas de cadeaux. Elles s'épient, se jettent des regards entendus, se jaugent, quand elles ne se critiquent pas cruellement. Il faut vraiment avoir la couenne dure, l'estime de soi bien accrochée et la répartie facile pour s'y faire respecter.

Pour ressortir d'un vestiaire de filles sans avoir le moral à zéro, il vaut mieux avoir pratiqué une tactique de survie. Car on trouve toujours quelque défaut, même aux plus belles, et on les regarde de travers. Si on ne déprécie la silhouette, ce sera les cheveux, un vêtement, un élément de maquillage ou simplement une attitude. Dans un vestiaire d'adolescentes, absolument n'importe quoi peut devenir une arme de dénigrement massif. La solidarité féminine fait place à la jalousie et à la compétition féroces. Mais pourquoi cela? Au nom de quel principe les filles sont-elles prêtes à marcher les unes sur les autres, comme si leur vie en dépendait? Et, depuis que Facebook (que Giulia, à cause de ce travers féminin, a rebaptisé *Facebitch*) existe, cette cruauté a décuplé.

Il faut donc du sang-froid et de la répartie pour entrer sur un tel ring de boxe, où l'on n'a pas besoin de frapper avec les poings pour mettre l'autre K.-O. Chacune cultive sa stratégie. Il y a celles qui, comme Sarah, se changent en un clin d'œil et quittent vite les lieux. Celles qui, comme Giulia, se tortillent pour se déshabiller et enfiler leur jogging, puis finissent par s'enfermer dans les toilettes pour ne surtout pas exposer un carré de peau nue à la vue des autres. Celles qui, comme Jasmine, se terrent dans le coin le plus retiré du vestiaire et attendent qu'il se vide de ses occupantes pour se changer, quitte à se mettre en retard. Et puis il y a Raphaëlle qui, elle, est pas mal unique en son genre! Elle se plante au milieu du vestiaire, en sous-vêtements, pour impressionner toutes les filles. Elle les regarde bien dans les yeux pour jauger leur réaction qui est, la plupart du temps, de se détourner.

Et puis, malheureusement, il y a celles pour qui le vestiaire des filles est une épreuve extrême, presque équivalente à l'ascension de l'Himalaya sans oxygène. Comme Anaïs. Pour enlever sa robe taille zéro qui pourtant flotte autour de son corps, elle se tourne vers le mur, le souffle court et l'angoisse au ventre, ensuite elle enfile maladroitement sa tenue de sport. Dans le silence glacial qui s'installe, elle peut sentir les regards dégoûtés grouiller sur sa peau blafarde et sur ses os saillants. Plus elle veut se dépêcher, plus ses mains tremblent. Chaque seconde qui passe semble durer une éternité, supplice difficile à supporter autant pour elle que pour les filles qui ne pensent même pas à se moquer d'elle, mais qui ont plutôt hâte que s'achève ce triste spectacle. Si Giulia trouve disgracieuses ses hanches rebondies, la maigreur d'Anaïs, son estomac en creux entre les os pointus du bassin, la réconcilie aussitôt avec ses quelques kilos en trop. Personne n'ose parler à Anaïs, aucune fille n'ayant la force de faire comme si de rien n'était. Et cette scène redoutée se produit trois fois par semaine.

Après l'épreuve du vestiaire vient celle, tout aussi redoutable, du gymnase. Anaïs avance à petits pas, minuscule au milieu de la salle immense, les yeux baissés pour ne pas croiser les regards pleins de répugnance des garçons. Le professeur lui-même fait tellement d'efforts pour ne pas la dévisager que c'en est humiliant. Les filles s'écartent pour ne pas la frôler et la dépassent vite, comme si elle était contagieuse. Tout le monde sait qu'elle n'a pas la force de courir. Alors, que fait-elle là ? Quel impitoyable règlement scolaire l'oblige à vivre pareil calvaire ? Les élèves en sont déconcertés, la révolte se disputant à la pitié dans leur incompréhension, mais ils ne savent pas qu'Anaïs elle-même a décidé de s'imposer cet effort, refusant le certificat médical qui pourrait l'exempter du cours d'éducation physique. Au fil des mois, le corps d'Anaïs s'est délesté inutilement de trop de kilos non superflus. Elle s'est transformée en un fantôme diaphane qui indispose ceux qui jadis étaient ses amis, et maintenant elle veut à tout prix retrouver sa place auprès d'eux. Parce qu'elle n'a rien fait de mal à personne, sinon à elle-même. Pourquoi serait-elle punie et rejetée ?

Pour des filles comme Anaïs et Catherine (Catherine qui doit peser trois fois le poids d'Anaïs), le corps est devenu un ennemi impitoyable qui les voue à la solitude, par les effets qu'il produit sur leurs relations avec leurs camarades. Cette injustice, Anaïs veut la combattre en domptant l'adversité comme elle a, pense-t-elle, dompté son alimentation. Une maîtrise dont elle était très fière quand elle s'était mise à maigrir, qui la rendait sûre d'elle-même, alerte, la confiance et l'estime de soi gonflées à bloc.

— Regarde-moi, disait-elle alors à Catherine qui, dans le même temps, ne cessait d'engraisser. Tu peux avoir le corps que tu veux et te sentir belle. Toi, tu te laisses aller, tu ne te restreins pas, mais tu devrais contrôler chaque chose que tu manges, compter les calories, éviter tous les gras. Tu verrais rapidement la différence.

Mais comme ces conseils ne portaient pas leurs fruits et que Catherine semblait prendre le poids dont Anaïs se libérait, celle-ci n'hésitait pas à rappeler Catherine à l'ordre, voire à l'engueuler. Jusqu'au jour où Anaïs aussi, comme Catherine, a perdu la maîtrise de son corps. L'une ne savait plus comment perdre du poids ; l'autre n'arrivait plus à cesser de maigrir. Telle est la triste histoire parallèle d'Anaïs et de Catherine. À présent, le corps d'Anaïs a disparu dans son survêtement, tandis que celui de Catherine déborde du sien, et les deux filles provoquent une égale méfiance chez leurs camarades.

Le professeur annonce alors qu'ils vont profiter du soleil pour aller courir dehors, sur la piste derrière l'école.

— Ensuite, partie de basket, ajoute-t-il en tournant volontairement le dos à Anaïs et à Catherine.

Telles deux siamoises mal assorties, elles se tiennent non loin l'une de l'autre, mais à vrai dire, elles se haïssent depuis qu'elles vivent ces problèmes. On dirait qu'elles s'en veulent mutuellement de se tendre l'une à l'autre un miroir déformant, où se reflète leur pire cauchemar.

— Tes shorts ont-ils rétréci au lavage? demande le professeur à Raphaëlle, en levant les bras de découragement.

Les rires fusent. Quelques garçons se mettent à siffler, mais sont aussitôt rappelés à l'ordre par leur enseignant.

— J'en ai pas d'autres, m'sieur, répond tranquillement Raphaëlle. Je peux partir, si vous préférez.
— Je te l'avais dit, lui glisse Giulia. Je peux te prêter un jogging, si tu veux.
— Il va me tomber sur les chevilles! raille Raphaëlle, croisant fermement les bras sur sa poitrine.

Le professeur la fixe d'un air mi-figue, mi-raisin. Il ne sait plus comment agir avec cette fille douée mais insupportable, qui multiplie les agressions physiques et verbales pour les pousser, lui et ses collègues, dans leurs derniers retranchements. En fait, Raphaëlle crée une sorte de chaos permanent qui lui permet de ne pas passer inaperçue, de s'affirmer à sa manière, et cette guerre contre l'autorité lui est profitable. La punir ne fait qu'apporter de l'eau à son moulin, et le professeur d'éducation physique se sent piégé.

— O.K., finit-il par dire, va chercher d'autres shorts aux objets perdus.

— Quoi ? Les shorts de j'sais pas qui ? Yark ! C'est pas hygiénique !

Le professeur la foudroie du regard, mais il doit admettre, en son for intérieur, qu'elle a raison.

— Bon, Raphaëlle, tranche-t-il finalement, tu as fait perdre assez de temps à tout le monde. Reste comme tu es pour aujourd'hui, mais je te préviens devant témoins que c'est la dernière fois. Si tu reviens dans une tenue non réglementaire, je t'exclus du cours pour le restant de l'étape.

Sur ce, le cortège des élèves s'ébranle dans le brouhaha des discussions qui reprennent aussitôt. Anaïs attend que tous se soient éloignés pour se mettre en marche, suivie par Catherine, boudinée dans son pantalon de sport noir. Elles veulent ainsi retarder le plus possible leur entrée sur le terrain, en plein soleil.

Le cœur d'Anaïs bat déjà trop vite et elle sent ses jambes toutes flageolantes. En bordure de la piste, elle hésite encore un moment, puis laisse passer Catherine, qui finit par s'élancer courageusement. Alors elle ravale sa salive et se met à courir à son tour. Cent mètres plus loin, elle s'effondre, évanouie. Dès qu'on s'en aperçoit, des cris fusent et des élèves se précipitent vers elle. Le professeur demande immédiatement à un garçon d'aller chercher de l'aide au secrétariat et de faire appeler une ambulance. Certains élèves sont pétrifiés sur le terrain. Choquée, Jasmine ne peut retenir ses larmes. Giulia et Raphaëlle, tétanisées, la regardent pleurer sans réagir. Maxime, lui, se dirige aussitôt vers elle et, une fois n'est pas coutume, la prend dans ses bras pour la consoler.

— Il faut la tourner sur le flanc droit, conseille alors Giulia qui se souvient soudainement de ses cours de secourisme.

— Je sais, répond le professeur en enlevant sa veste qu'il enroule autour de la tête d'Anaïs pour constituer un coussin et la protéger un peu du soleil.

— Je vais chercher ma bouteille d'eau, s'écrie Sarah, qui se rue aussitôt vers les vestiaires.

Tous les élèves entourent maintenant Anaïs que, peu avant, ils ostracisaient. Un quart d'heure plus tard, les ambulanciers la mettent sous perfusion avant de la transporter vers l'hôpital. Sur la civière, le petit corps disparaît sous les plis de la couverture. Consternés, les élèves, le professeur, l'infirmière, la secrétaire et la directrice regardent s'éloigner l'unité mobile.

— Sa mère a-t-elle été prévenue ? demande le professeur.

— Oui, répond la directrice, je l'ai jointe sur son cellulaire, mais elle est à l'étranger.

Un épais silence règne sur le terrain de sport. Il est neuf heures dix. Cinquante minutes ont suffi pour qu'on bascule de l'insouciance printanière dans les zones glaciales d'un hiver intérieur. Il n'est toutefois pas question de reprendre immédiatement les cours : tous sont encore trop secoués. Catherine est assise par terre, ou peut-être est-elle tombée, on ne sait pas. La tête enfouie dans ses bras repliés, elle ne pleure pas, du moins pas extérieurement. Elle est prostrée.

— Ceux et celles qui veulent rentrer chez eux peuvent le faire, annonce la directrice. Les autres peuvent aller à la bibliothèque ou dans la salle commune. Les cours reprendront demain matin.

À ces mots, les élèves se dispersent lentement. La plupart ne veulent pas rentrer immédiatement chez eux, n'ayant pas envie de ressasser les événements. Rester en groupe est une façon de se protéger en partageant émotions et réflexions. La psychopédagogue a d'ailleurs annoncé que sa porte serait ouverte à ceux qui souhaiteraient la rencontrer, et une psychologue a été appelée en renfort.

— Bon, ben moi, j'ai envie d'une cigarette, décrète Raphaëlle. Vous v'nez?

— On doit aller à la bibliothèque, répond Sarah, mais devant les regards désapprobateurs qui tombent aussitôt sur elle, elle se ravise, mordillant le coin de sa lèvre inférieure.

— O.K., conclut Raphaëlle, va à la bibliothèque si tu veux. Nous, on s'en va, c'tu clair?

— Parfaitement, approuve Giulia en lui emboîtant le pas.

À la queue leu leu, traînant leur sac d'école comme un boulet, les quatre amies quittent le périmètre au-delà duquel elles ne sont plus sous la responsabilité de l'école. Elles se retrouvent bientôt dans un parc, tout pimpant dans la lumière du printemps, et elles s'affalent dans l'herbe.

Pendant un long moment, Raphaëlle tire sur une cigarette en silence. Personne ne parle. Le sujet est trop difficile pour être abordé avec légèreté.

— Pourtant, murmure enfin Giulia, couchée sur le dos, les bras repliés sous la nuque, elle était tellement bien, avant...

— Avant quoi ? relève Raphaëlle qui, ayant intégré l'école en septembre, n'a jamais connu Anaïs autrement que très maigre.

— Avant que sa mère lui dise qu'elle était trop grosse, explique Sarah.

Raphaëlle se redresse, étonnée :

— J'peux pas le croire ! Anaïs a déjà été grosse ?

Giulia agite vigoureusement l'index droit pour dire non.

— Pas du tout, insiste-t-elle, pas du tout ! Elle était juste normale...

— Et toute *cute* en plus, ajoute Jasmine, l'air grave.

— Genre, moi ?

Giulia lui lance un regard navré :

— Esti, Raphaëlle! dit-elle en secouant la tête. *Come on*! On peut ben être belle sans être comme toi, ça s'peux-tu?

Raphaëlle se reprend, consciente que ce n'est pas le moment de faire des blagues ou de la provocation.

— J'avoue que c'est niaiseux, une *joke* de même...

Giulia se redresse alors sur les coudes pour la regarder dans le blanc des yeux:

— Non, c'est pas une *joke* de ta part, je sais que t'es très sérieuse. Toi, tu penses qu'on est d'abord une apparence et que de te comporter comme une *bimbo* à longueur de temps te fait exister. Mais t'es quoi d'autre, toi, à part un méga physique pis une fille ben sexy?

La lucidité de ces propos, et surtout le calme violent avec lequel Giulia les a assénés, comme si elle arrachait une à une des couches de son apparence, laissent Raphaëlle muette. Elle fixe Giulia sans répondre.

— Yo, Giulia! intervient Sarah, estomaquée par sa soudaine agressivité. *What's the matter with you?*

— Laisse faire, Sarah, répond Raphaëlle d'une voix étrangement grave. Elle a raison. C'est vrai que j'sais parfaitement d'quoi j'ai l'air pis que j'en abuse, mais c'est pas vrai que j'me prends juste pour mon *look*. Pis chu pas comme ça en privé, d'abord, tu le sais très bien.

Giulia se tait. Elle se demande pourquoi elle a dit ça. Elle sait bien, en effet, que Raphaëlle est une fille bien plus sérieuse et profonde que ce qu'elle veut bien montrer, et qu'en privé, justement, elle exprime d'autres facettes de sa personnalité. Mais pourquoi éprouve-t-elle ce besoin récurrent, et parfois irritant, de jouer ce personnage de bombe sexuelle ?

— Excuse, lui dit-elle enfin. Mais c'est d'même. Les autres le savent pas que t'es pas juste comme ça...
— C'est quoi l'rapport ! s'insurge Raphaëlle en balayant l'air de la paume. M'en câlisse, des autres ! J'leur demande pas de savoir qui je suis vraiment. Y sont pas mes amis ni ma famille.
— Tu te protèges, en fait, intervient Jasmine, l'air pensif.
— Exactement ! approuve Raphaëlle. C'est pareil que ton foulard pis tes manches longues, ou le crisse de chandail de l'école ! À part que moi, ma carapace, c'est d'me montrer pis de séduire...

Sarah intervient à son tour :

– *No one is only a body or an attitude*, dit-elle, comme pour résumer la situation.

– Mais oui, *Smart* Sarah, lui dit Raphaëlle, cette fois sans aucune ironie. Même toi, j'suis sûre que t'es pas juste la fille posée, équilibrée, sportive, végétarienne et parfaite à l'école et à la maison.

En prenant Sarah par les épaules pour la plaquer contre elle, comme on le ferait avec sa petite sœur, elle ajoute :

– Chu sûre qu't'es pas un p'tit *cute* robot, hein, ma belle Sarah ?

Mais qu'est-ce qu'elle a, aujourd'hui, Raphaëlle ? C'est comme si l'histoire d'Anaïs était si grave qu'aucune des filles n'avait le goût de se cacher derrière ses phrases et ses rôles habituels. C'est le printemps, le soleil est de plus en plus chaud à mesure que la matinée avance, mais les filles sont bien sérieuses. Un nuage imperceptible flotte au-dessus de leurs têtes.

Les paroles, mais surtout le geste affectueux de Raphaëlle, ont fait rougir Sarah. Elle n'est pas démonstrative, n'a pas l'habitude d'une telle proximité physique et est plutôt du genre à éviter les contacts. Il en a toujours été ainsi. Ses parents, particulièrement sa mère, sont réservés. Comme ils ont divorcé quand elle était petite, Sarah ne se souvient plus de les avoir vus s'embrasser, ni même s'enlacer. Pourtant, ils s'entendent bien, nourrissent une relation amicale, respectueuse et pragmatique propice à l'équilibre de leur fille. Il n'y a jamais de drames chez eux, pas de cris ni de gestes déplacés, impulsifs ou irréfléchis, pas de prises de bec ni de controverses. En tout cas, pas devant Sarah.

Avec un malaise immense, un jour que Giulia se plaignait que ses parents divorcés entretiennent une relation houleuse, passionnelle et mélodramatique, s'engueulant chaque fois qu'ils se voient, Sarah s'est même demandé si ses parents à elle, ses beaux parents intelligents et compréhensifs, avaient déjà couché ensemble. Ça devait forcément avoir été le cas, elle en était la preuve vivante, mais imaginer la chose lui donnait la chair de poule, un dégoût qu'elle aurait préféré ne pas ressentir. D'autant que, depuis leur divorce, ni l'un ni l'autre de ses parents n'a reformé un couple, ne lui a présenté un amoureux ni même une relation de passage. C'est comme s'ils étaient asexués, ou qu'ils s'efforçaient de se montrer comme tels à leur fille. « Ils pourraient être frère et sœur », se dit parfois Sarah, mais cette idée ne la met pas moins mal à l'aise.

Alors, le geste spontané de Raphaëlle, hum... Très peu pour elle, même s'il exprimait une amitié sincère. Cela l'amène à se poser des questions : Sera-t-elle jamais capable d'élan physique ? En a-t-elle jamais eu envie ? Sans devenir jamais comme Giulia qui aime à toucher les gens, qui leur prend la main, les enlace ou les repousse, Sarah ne se voit pas sortir de sa réserve pudique qui la fait paraître froide, voire distante. Entendre ses amies parler sans arrêt des garçons l'indispose au plus haut point. À part quand il s'agit de son amie Judith, sa partenaire de nage synchronisée, anglophone et juive elle aussi, qui lui ressemble beaucoup et dont la présence lui est agréable et familière, Sarah doit admettre qu'elle a peu d'élans charnels. Du moins, pas pour l'instant. Il n'empêche que se faire traiter de robot, même *cute*, l'ébranle. Elle sait que si Raphaëlle lui dit cela, certes gentiment, c'est que les autres le pensent, et pas forcément en termes sympathiques.

Giulia, toujours étendue sur l'herbe les yeux fermés, sort de la rêverie qui la rendait silencieuse depuis un moment :

— Anaïs avait de longs cheveux blonds, se souvient-elle, une belle poitrine et des hanches bien roulées. Les gars la trouvaient à leur goût.

— Pis elle s'habillait super le *fun*! ajoute Jasmine. Elle avait un méga *swag*.

Raphaëlle les regarde, incrédule, et vrille sa tempe avec son index pour signifier combien tout cela lui semble cinglé.

— Ç'a pas d'rapport! dit-elle. J'y crois pas. Comment elle est rendue comme ça? Elle fume, ou quoi?

— Mais non, répond Giulia, je t'ai expliqué que sa mère lui a dit qu'elle était trop grosse. Elle l'a pas pris et a commencé un régime.

— Ah non! rectifie Sarah. Pas un régime. *She just like*..., arrêté de manger.

— Hein? s'exclame Raphaëlle. Carrément, genre?

— Oui, confirme Sarah.

— C'est malade! s'écrie Raphaëlle. Elle a d'la chance de pas être morte.

— Ouais, confirme Jasmine en se palpant les côtes, elle a perdu vingt kilos en deux mois pis... ç'a continué. Ça m'angoisse trop, rien qu'à imaginer n'avoir que la peau sur les os. Arg, j'pense que j'en mourrais.

Giulia baisse le nez avant d'ajouter d'une toute petite voix:

— Ben, c'est ça. Elle a failli mourir il y a un an, justement. Paraît que tous ses organes se sont détraqués. Elle avait plus de menstruations, rien.

Les filles échangent des regards remplis d'effroi.

— Là, elle va mieux, poursuit Giulia, à c'qu'y paraît en tout cas. Elle a pu revenir à l'école, au moins. Mais la gym c'était une erreur. Elle aurait jamais dû courir. C'est la faute du prof, quel con, celui-là !

Raphaëlle se mord la lèvre inférieure avec une mine coupable :

— C'est pas juste la faute du prof, avoue. Et nous ? *Check* comment on la regarde. Genre, comme si c'était un monstre. On l'a *dead* pour de vrai. On est juste des esti de *bitchs*. Si j'avais su, je me serais jamais comportée comme ça avec elle.

— Ben là t'abuses ! lui dit Giulia. Tu dis ça parce que tu te sens bête. Mais c'est pas vrai que tu s'rais allée l'aider ou lui parler. D'ailleurs, personne n'ose lui parler de ça. Pis de rien d'autre de toute façon, parce qu'elle a comme... largué les amarres. Bye-bye, vous autres, j'm'en vais au pays des anorexiques. Hey ! C'est ben normal que ça nous fasse peur pis qu'on sache pus comment l'approcher.

Sarah baisse la tête, l'air navré.

— C'que j'trouve *fucked up*, dit-elle, c'est que pendant la même période, Catherine, qui était sa meilleure amie, est devenue carrément obèse.

— C'est tellement bizarre, dit Raphaëlle en fronçant les sourcils.

— Ouais, approuve Giulia, mais y reste que sa mère a gagné. Quelle esti de conne, celle-là. Tu l'as déjà vue?

— Non, répond Raphaëlle.

— Ben, c'est l'genre de bonne femme toujours impeccable, qui s'pense jeune pis qui s'habille comme Victoria Beckham.

— Elle lui ressemble, d'ailleurs, ajoute Sarah.

— Une *bitch* qui aime pas que les gars trouvent sa fille belle, explique Giulia.

— Ouhhhh, grince Raphaëlle, j'aimerais tellement pas qu'ma mère soit plus belle que moi! C'est comme... pas normal.

Jasmine pince les lèvres, dubitative.

— Ouais... Moi, je trouve que vous y allez fort, dit-elle. Sa mère y est pour rien, si ça s'trouve.

Les filles hochent la tête.

— En tout cas, on sait rien de ce qui est arrivé, dit Sarah. Pis c'est ben trop grave pour qu'on prétende savoir.

— Hum..., réfléchit Raphaëlle, ça c'est vrai. Sa mère pouvait pas vouloir un truc pareil. Elle lui a peut-être dit « fais attention » ou une phrase de même, rien de méchant, pis c'est Anaïs qui l'a mal digérée !

— Wo, pas l'*fun* ton jeu de mots, Aëlle ! désapprouve Giulia. En plus, ça s'trouve que sa mère lui a rien dit du tout, d'abord.

— C'est ça, s'empresse d'ajouter Jasmine, désireuse d'en finir avec les suppositions. Quand quelqu'un est malade, on dit pas, comme... c'est la faute d'untel ou d'untel. Elle est malade, la pauvre, pis voilà, c'est juste triste en fait.

Les trois autres opinent du menton, l'air grave.

— Ouais, ça au moins, on le sait.

— Pis moi j'pense aussi à Catherine, ajoute Raphaëlle.

— Moi aussi, dit Sarah. *It's so damn horrible for her, you know?*

— En plus, poursuit Raphaëlle, Anaïs, tout le monde la plaint, mais Catherine est énorme pis tout le monde se fout d'sa gueule, genre, c'est malade de vivre ça tous les esti de jours de ta vie !

— Ouais, dit Giulia. Là-dessus, les gars sont vraiment des chiens sales. Dès qu'y la voient, y s'jettent dessus comme sur un os à ronger.

— Elle non plus, pus personne lui parle, dit Jasmine. C'était une fille tellement l'*fun*, tellement drôle et *chum* avant ça. Les gens l'adoraient, elle était populaire, pis r'garde ça maintenant.

Raphaëlle balance la tête de gauche à droite.

— Ben, c'est ça que j'vous dis : faut faire envie, comme ça les autres te foutent la paix pis y sont ben impressionnés, y ferment leur gueule ! Si tu fais pitié, t'es mort ! C'est pas compliqué.

— T'exagères pas ? tempère Jasmine.

— Si j'exagère ? Non-non-non, c'est toi qui vis à Disneyland, genre ! Ici, c'est un pays sauvage. Yo, les jeunes c'est des tueurs pour de vrai. Y ont la compassion de la taille d'un petit pois !

Giulia se lève pour se dégourdir les jambes et dit :

— T'as ben trop raison là-dessus, Aëlle. *Check* les connes qu'on est : Anaïs pis Catherine, elles sont toujours les filles qu'on aimait avant, non ? Les filles populaires dont l'monde cherchait la compagnie, pas vrai ? J'veux dire : elles sont toujours elles, *man*, allumez ! C'est juste leur emballage qui a changé !

Les filles acquiescent en silence.

— Seigneur! soupire Raphaëlle. Mais qu'est-ce qui a ben pu leur arriver?

Et elle hausse les épaules comme pour traduire l'ignorance de chacune.

— On bouge ou quoi? demande Jasmine.
— On va où? demande Sarah.
— Vous, je sais pas, poursuit Jasmine, mais moi je vais aller à la cafétéria. J'ai rendez-vous avec Maxime.

Sur ce, Giulia plonge son regard dans les yeux de Jasmine:

— Si Max te disait que t'es grosse, tu ferais quoi?
— Je maigrirais, répond Jasmine sans hésiter.
— *That's it*! commente Giulia en laissant retomber ses bras en signe de découragement. J'savais que t'allais dire ça!
— C'est quoi l'rapport? s'insurge Jasmine en consultant les autres filles des yeux. C'est sûr, voyons! J'veux qu'y m'trouve belle, c'est mon *chum*!
— Ben, tu vois, poursuit Giulia, c'est ça not' problème à nous, les filles! Raphaëlle, faut qu'elle soit séductrice. Sarah, faut qu'elle soit entraînée. Toi, faut

qu'tu sois au goût d'ton *chum*. Moi, faudrait pas que j'porte des jupes courtes... Ouais, pis? Les gars font-ils les choses en fonction de notre avis?

— Heyeuuuu, s'insurge Sarah, moi j'veux plaire à aucun gars!

— Non, toi, tu veux plaire à ta mère! rétorque Giulia, redevenue incisive.

— Hum..., réfléchit Raphaëlle tout haut. Je dirais que, oui, les gars aussi font les choses en fonction de nous et aussi de leur propre *gang*. Bien sûr que oui. Moins que nous, peut-être, mais ils le font pareil.

— Tu sais ça comment?

— Giulia... J'ai deux frères, lui rappelle Raphaëlle, pis y sont de même!

— Ah? fait Jasmine. Moi, non. Mes frères sont pas comme ça...

Raphaëlle lui lance un clin d'œil entendu.

— C'est sûr! lui dit-elle. J'voudrais pas te vexer, mais c'est comme... c'est des mégas machos, tes frères, non? Tant qu'à faire, j'préfère encore les miens.

— En tout cas, les gars, c'est moins influençable que les filles, tranche Giulia. Moins poreux à l'opinion des autres.

Sarah secoue vigoureusement la tête:

— Pas sûr, insiste-t-elle. *Not at all*! Ils le montrent moins, mais ils sont tout aussi complexés que nous par rapport à leur corps et à tous les changements de la puberté.

— *That's it*! confirme Raphaëlle qui semble savoir de quoi elle parle. Pis, de toute manière, ils sont ben plus fragiles que nous, dans l'fond. Ils le montrent pas, mais c'est ça pareil.

Jasmine piétine sur place :

— O.K., les filles, on s'dépêche-tu, là ? Parce que moi j'ai rendez-vous, j'vous rappelle !

— Mais vas-y donc à ta cafétéria ! rétorque Giulia. Nous autres on va aller manger quelque chose chez Tina. Ça vous va, les filles ? Tu nous rejoindras après.

— Et bon lunch ! lui lance Raphaëlle d'un air égrillard, plein de sous-entendus.

En revenant vers l'école, devant laquelle se trouve la pizzeria où travaille leur amie Tina, une ancienne élève, les filles croisent plusieurs camarades. L'une d'elles, Sabine, leur fait des signes de la main.

— Alors ? lui demande Giulia en arrivant à sa hauteur.

— L'infirmière a eu des nouvelles et Anaïs va bien. Ils vont la garder quand même quelques jours en observation.

Les filles accueillent la nouvelle en silence.

— Mais il y a autre chose, continue Sabine. Catherine est aussi à l'hôpital.

— Quoi? s'écrient les trois filles d'une seule voix. Comment ça?

— Elle a fait une crise de nerfs.

— Quand ça?

Sabine lève les bras en faisant une moue d'impuissance :

— Aucune idée. C'est Kevin qui me l'a dit. Il a vu la directrice et le prof de gym s'activer autour d'elle pendant qu'elle s'agitait par terre. Après, une autre ambulance est venue et ils l'ont amenée à l'hôpital.

— Tabarouette! intervient alors Kevin qui vient d'arriver, ç'a pas dû être facile de la soulever!

Raphaëlle le foudroie du regard.

— Toujours aussi cave, hein, mon Kev? lui dit-elle d'un ton sec.

Raphaëlle a fréquenté Kevin quelque temps à l'automne, puis l'a laissé tomber. Par la suite, il a voulu qu'ils se remettent ensemble, mais elle a refusé par crainte de devenir un jouet dans les mains de ce garçon très beau, très séduisant, mais qu'elle juge peu sérieux et peu respectueux des filles. La plupart du temps, Raphaëlle se comporte ainsi avec les garçons; elle leur accorde difficilement sa confiance. Pas question pour elle de se faire *blow minder*, comme elle dit, et encore moins de risquer de se faire larguer. Alors, elle prend les devants et c'est elle qui s'en va. Abandonner ou être abandonnée... Entre ces deux éventualités, elle choisit toujours la moins pénible.

Ce que Raphaëlle aime le moins chez Kevin, qui peut pourtant se montrer gentil, prévenant, et même tendre dans l'intimité, c'est ce personnage arrogant et frimeur qu'il s'évertue à incarner en public pour se donner une contenance et passer pour un dur. Cette seconde peau, ce masque social, lui permet d'impressionner tout le monde et de jouer les tombeurs insensibles et inaccessibles, ce qui lui vaut une autorité et un respect admiratifs au sein de sa bande. S'attaquer à Catherine gratuitement, l'air de se ficher complètement qu'elle soit hospitalisée, fait partie de ce jeu d'apparences.

— C'est ton amie, Catherine? lui demande Kevin. Elle doit prendre de la place, à c't'heure!

Raphaëlle s'avance d'un pas et lui touche presque le front du sien. Elle est aussi grande que lui.

— Arrête ça, Kev, tu veux? T'es juste une esti de tapette de t'attaquer à une fille malade. Y'a que les *pussies* dans ton genre qui parlent des gens dans leur dos.

— Hey, j'ai peur, Raphaëlle! se moque Kevin. Si Catherine était devant moi, c'est sûr que j'aurais ben peur de finir en carpette.

— Tu es une carpette, intervient Giulia. Te crois-tu impressionnant à te gonfler d'même? Pis t'étais pas super *chum* avec Catherine, toi, justement? J'croyais ça, pourtant...

Kevin recule de deux pas, se tourne vers ses copains et éclate de rire:

— C'est sûr! C'était au temps où Cat était Cat, et pas l'espèce de baleine qu'elle est dev'nue. J'ai honte rien que d'y penser.

— De quoi?

— D'avoir été ami avec un monstre de même! C'est quoi qu'y est arrivé? Elle a mangé toute l'usine de bonbons d'Halloween, genre?

— Arrête ça, s'énerve Giulia. T'es vraiment un esti de colon!

Sabine se met de la partie:

— C'est ça, ton idée de l'amitié, *man? Flusher* les amis juste quand ils auraient besoin d'aide? Oh, wow! C'toute une philosophie de cave!

Vexé, Kevin serre les poings pour ne pas se mettre à crier. Son ami Mathieu se mêle alors à la conversation:

— *Calm down*, Sabine, pis vous autres aussi, Giulia et Raphaëlle! Vous autres, vous êtes vraiment amies avec Catherine, peut-être? Pourquoi z'êtes pas à l'hôpital avec elle, genre?

— Vous vous moquez d'elle plus que nous! ajoute Kevin. C'est pas vrai, peut-être?

Les filles sont muettes. Les garçons disent vrai.

— On va aller à l'hôpital, décide Raphaëlle, piquée au vif. C'est vrai, quoi. On va aller prendre des nouvelles de Cat pis d'Anaïs. Viens-tu, Giulia?

— On peut pas les voir maintenant, répond Kevin.

— Ben on va y aller plus tard, d'abord.

— D'accord, acquiescent Giulia et Sarah.

— C'est Cat pis Anaïs, *man*, poursuit Giulia à l'adresse de Kevin, qu'est-ce que tu comprends pas? C'est comme... pas leur corps, mais c'est toujours elles, les filles qu'on connaît depuis longtemps.

Kevin regarde son ami Mathieu sans répondre. L'argument de Giulia semble avoir porté.

— Laisse faire, Giulia, intervient Raphaëlle, le regard plein de fiel. Kev-le-Kav est un lâcheur, de toute façon. Y s'croit bon parce qu'il *flushe* les filles l'une après l'autre. Moi, si j'étais toi, mon gars, j'aurais ben plus honte d'être de même que d'être gros...

— *That's right*, ajoute Sarah. Le corps, ça change, surtout à l'adolescence. Tu peux grossir, maigrir, être malade, guérir, tout le kit. Mais, quand t'es con, t'es con.

— Quoi? Quoi? s'écrie Kevin, cette fois sur le point de frapper. Tu m'traites de con, toi, l'anglo?

— Laisse faire, *man*, intervient Mathieu, y'a juste à s'en aller.

Kevin pince les lèvres et ravale sa salive, humilié. Les filles ont gagné.

— C'est ça, décrissez! leur lance Raphaëlle. Sacrez vot' camp d'icitte!

— Pis c'est quoi, là, ajoute Sarah sans se dégonfler. Tu juges les gens sur leur apparence pis sur leur langue aussi? Hey, c'est pas fort!

— Laisse faire, Sarah, ajoute Giulia. Y'est pourri en anglais, c'est ça l'affaire!

— Pauv' niaiseuse, lui répond Kev. Mon grand-père est Irlandais, pis tu sais très bien que je suis bilingue!

— Tu m'niaises-tu, Kevin? demande Giulia, vraiment étonnée. T'es Irlandais, toi?

— Bilingue, j'ai dit, la conne! Pis toi, t'es ben Italienne, alors?

Sabine le regarde, tout aussi étonnée.

— *Look*, on est de vrais Canadiens, pas vrai? *So what?*

— *Fuck off*! dit Kevin en tournant le dos pour mettre un terme à la discussion.

Mathieu lui emboîte le pas et les filles les regardent s'éloigner. Contentes d'elles, mais pas trop. Car elles savent que leur attitude envers Catherine et Anaïs est loin d'avoir été correcte.

— Bon, j'vais m'en allumer une, soupire Raphaëlle. Allez-vous chez Tina?

— C'est ça, rejoins-nous, dit Giulia.

À l'instant où elles vont partir, Mélanie, une fille de leur classe, arrive droit sur Raphaëlle qui murmure pour que ses amies l'entendent : « Pas elle ! J'peux pas lui voir la face, câlisse ! »

— J'peux-tu t'acheter une *smoke*? demande Mélanie d'une voix pointue, en brandissant une pièce de vingt-cinq cents.

Perchée sur ses jambes de star, Raphaëlle ouvre son sac, tire lentement une cigarette de son paquet doré et la porte à ses lèvres.

— Désolée, dit-elle d'une voix moqueuse, j'en ai pus justement !

Elle soutient le regard outré de Mélanie, jusqu'à ce que celle-ci finisse par tourner les talons. Les autres filles ont assisté à la scène bouche bée. Giulia éclate de rire.

— C'est super chien, quand même ! envoie-t-elle à Raphaëlle.
— Cette *bitch* s'est fait refaire les seins, lâche Raphaëlle. Peux-tu croire ça? Elle a quel âge, genre?
— Dix-sept? répond Giulia.

— Cette fille-là se fait faire une augmentation mammaire à dix-sept ans, pis tu voudrais que j'lui parle, que j'sois fine avec elle pis que j'lui allume sa *smoke*? J'ai-tu une face de conne, avec ça?

— Elle aurait mieux fait de s'faire faire une liposuccion des chevilles à la bedaine! raille Giulia.

— Pis les joues, ajoute Raphaëlle, surtout les joues!

— Les joues de Miss Piggy! lance Giulia en éclatant de rire.

Sabine et Sarah se regardent, consternées.

— Z'êtes reparties à *bitcher* tout le monde, vous autres! s'exclame Sabine. On vient pas d'parler de ça, justement, toutes ces insultes de marde?

Raphaëlle se tourne vers elle, les mains sur les hanches:

— Oui, mais Mélanie c'est pas pareil! se justifie-t-elle. Elle, c'est une vraie pitoune. Irrécupérable.

— C'est vrai, dit Giulia, c'est elle qui critique tout le monde! Elle s'peut pu. Elle se prend pour Miss Univers, genre, ou Madonna!

— Laisse faire Madonna, dit Raphaëlle, elle est ben trop vieille! Mélanie se pense plus belle que Shakira! Alors qu'à part ses faux seins, elle a juste l'air d'un poteau!

Sarah en a assez entendu :

— *Shut up, girls* ! C'est plus supportable de vous écouter ! À force de lire les magazines de filles et de regarder des clips sur YouTube, vous voulez toutes être comme les mannequins et les stars. C'est n'importe quoi ! Et ça marche pas. On est juste pas comme ça.

— Ouais, dit Raphaëlle avec une moue appuyée, pas tout le monde...

— Mais toi oui, on sait ça ! dit Sarah, agacée.

Sabine, elle, a une autre hypothèse :

— Tu serais pas jalouse ? demande-t-elle à Raphaëlle qui continue de tirer sur son mégot.

— Hein ? s'étouffe celle-ci. Jalouse de Mélanie ? Mais de quoi ?

— Ses seins...

— Jamais d'la vie ! Ils sont parfaits, mes seins. Pas question que j'y touche.

— Tu pourrais en avoir de plus gros, continue Sabine, caustique.

Un index sur la tempe, Raphaëlle lui fait comprendre qu'elle déraille :

— C'est laid, les gros seins, d'abord! décrète-t-elle.

Giulia n'est pas d'accord:

— Hey! Moi, j'ai de gros seins, mais ils sont parfaits quand même! Pis c'est comme ça, toutes les femmes de ma famille sont bâties de même. Ma mère, ma grand-mère, mes sœurs... On en a toutes des gros.

— La *mamma italiana*! blague Raphaëlle.

— Ben moi aussi, je suis comme les femmes de ma famille, dit Sarah. On a des petits seins. *That's how it is, so what?*

— Oui, mais toi c'est pas pareil, lui répond Raphaëlle.

« Bon, ça y est, se dit Sarah, en quoi suis-je différente, encore? »

— Et pis, quand on nage beaucoup, on n'a pas beaucoup de seins, explique-t-elle. C'est c'que ça fait.

— R'garde, *Smart* Sarah, lui dit Giulia en lui donnant un coup de coude. T'as pas besoin de te justifier. On ressemble toutes à nos mères, c'est d'même.

— Oui, admet Sabine. C'est exact. On peut rien contre la génétique, mais ça n'empêche pas de faire attention à soi. Bien manger, bouger, respecter son corps...

— Toi, tu vas être super *chum* avec Sarah, lui dit Giulia en riant. Un esprit sain dans un corps sain. Sport, diététique et méditation. Vous allez faire la paire !

— Je ne pratique pas la méditation, dit Sarah, et le corps, oui, on doit y faire attention. Tu vas pas me l'reprocher ?

— Ah non ! dit Giulia. Je ne te reproche rien ! C'est toi qui as raison, mais chacun fait ce qu'il lui plaît.

Sabine lève les yeux au ciel et soupire, l'air de penser que cette conversation est vraiment assommante.

— *My God* ! dit alors Raphaëlle, que j'aimerais pas ressembler à ma mère !

— Ben, c'est forcé, répond Sabine. À ta mère ou à ton père, mais on n'y coupe pas.

Raphaëlle secoue la tête d'un air obstiné :

— Non, non, pas moi, affirme-t-elle. Ni l'un ni l'autre.

Sans un mot d'explication, elle écrase son mégot de cigarette et se dirige vers la pizzeria. Les autres filles lui emboîtent le pas et Tina les accueille au restaurant avec un magnifique sourire qui rivalise avec le soleil qui s'est épanoui dehors. Elle semble même

pour l'occasion avoir adouci son habituel style go-
thique – les yeux moins endeuillés d'*eye-liner*, les
lèvres moins sanguines, les vêtements gris plutôt
que noir corbeau, une jupe au-dessous de ses genoux
cagneux, et même une camisole jaune vif qui lui dé-
couvre les bras.

Tina a décidé de quitter l'école il y a plus d'un an
pour travailler et s'installer en appartement. Elle a sa-
crifié la fin de ses études secondaires qui, de toute
façon, ne la passionnaient pas. Sacrifice d'ailleurs
momentané, puisqu'elle a récemment décidé de s'ins-
crire au centre d'éducation des adultes, mais cette
fois elle étudiera à son rythme et selon l'orientation
qu'elle veut donner à sa vie. Elle s'est réconciliée avec
son amoureux et a retrouvé le goût de fêter, de sortir
et de boire un verre entre amis. Pas de stress, pas de
diktats, pas de pression.

– Hey, les filles! leur lance-t-elle. Comment ça va?
Belle journée, hein? Voilà le printemps qui nous revient, on dirait!

Les filles la saluent aussi, sans tout de suite lui an-
noncer les mauvaises nouvelles. Elles s'installent autour de leur table préférée, au fond de la salle, à l'abri
des oreilles indiscrètes.

Tina arrive avec son calepin dans lequel elle note les commandes :

— On va d'abord boire quelque chose, d'accord ? propose Giulia. Coke ?

— Jus de pomme, dit Sarah.

— Jus de tomate, dit Sabine.

— Laisse faire, dit Giulia à Tina en éclatant de rire, on t'expliquera plus tard ! Ce sont nos nouvelles Miss Top Santé. Les deux font la paire ! Alors, pour Raphaëlle et moi...

— Je veux un scotch, l'interrompt Raphaëlle.

À ces mots, toutes les filles se mettent à la dévisager.

— Ben quoi, dit-elle en soutenant le regard ahuri de Tina. Vous avez bien un permis d'alcool, non ? Je vois des bouteilles.

— C'est du rhum et de la liqueur d'orange pour faire flamber les crêpes, répond Tina, mais on n'a pas le droit d'en servir à boire. De toute façon, t'es pas majeure. Vous ne pourriez même pas entrer ici, si on servait de l'alcool...

— *Come on*, Tina ! insiste Raphaëlle. Se faire faire la morale le jour du retour du printemps, c'est gossant. T'as qu'à me mettre un peu de rhum dans le fond d'une grande tasse à café, ça va être parfait.

— Mais Raphaëlle..., dit Tina, déstabilisée, en écartant les bras en signe de lassitude.

Giulia vient à sa rescousse:

— C'est quoi ton problème, Aëlle? Tu sais bien que c'est pas possible, alors, *basta*!

Raphaëlle cède devant les tirs croisés.

— Z'êtes tannantes quand vous vous y mettez! J'ai vraiment besoin de me détendre, moi, après toutes ces émotions.

— L'alcool, ça détend pas, intervient Sarah. Au contraire, ça énerve.

— Ah ouais? ricane Raphaëlle. T'as appris ça dans les livres, *Smart* Sarah, hein? Ne me dis pas que tu parles d'expérience...

— Eh bien si, justement, répond Sarah, tout heureuse d'étonner son auditoire. J'ai bu trop de champagne à Noël et j'ai pas pu dormir de la nuit, ça m'a excitée comme une puce!

— Tu vas à Punta Cana pour te saouler au champagne? rigole Raphaëlle. Au royaume du punch, c'est unique! Tu m'étonneras toujours, ma Sarah.

Sarah admet que la répartie est très drôle et toutes les filles éclatent de rire avec elle. L'atmosphère se détend. Tina reprend son souffle.

— Donc ?

— Donc, j'vais prendre un Coke avec une Margarita. Une pizza, je veux dire, pas *un* margarita !

— J'avais compris, répond Tina.

— Avec une grosse part de gâteau aux carottes, ajoute Raphaëlle.

Giulia se tourne vers elle, stupéfaite :

— Eh Seigneur ! lâche-t-elle en écartant les mains. J'sais pas comment tu fais pour te bourrer comme ça pis rester si mince ! C'est pas juste !

— R'garde, dit Raphaëlle, je t'explique : c'est gé-né-ti-que. Ensuite, j'me bourre pas comme ça tous les jours, mais là j'ai besoin de réconfort. Pas de scotch, alors gâteau aux carottes. Faut c'qui faut. *Comfort food forever* !

— *Not forever*, justement, remarque Sarah.

Raphaëlle se tourne vers elle :

— O.K., *Smart* Sarah, *comfort food today* ! Ça te va comme ça ?

Tina s'impatiente :

— La suite ?

— O.K., alors, si on mange tout de suite, dit Sabine, je vais prendre une grande salade au *prosciutto* avec mon jus de tomate, s'il te plaît.

— Et moi, s'il te plaît, matante Tina, dit Giulia, d'humeur taquine, je vais manger un plat de *penne lisce* sauce *arabiata*. Avec un grand café au lait.

Tina note tout et tourne la tête vers Sarah qui épluche la carte d'un air circonspect.

— Finalement, j'ai pas très faim. Une tomate-mozzarella, ça va m'aller.

Peu après, lorsque tous les plats et boissons ont été servis, les filles décident qu'il est temps de mettre Tina au courant. D'un mouvement du menton, Raphaëlle enjoint Giulia de prendre la parole. Le soleil ayant incité les clients à manger dehors, le restaurant cst quasiment vide, alors, sans craindre de la déranger, Giulia invite la jeune serveuse à s'asseoir avec elles.

— Un petit moment, alors, dit celle-ci en prenant place à leur table.

— C'est que..., dit Giulia, il y a eu un problème avec Anaïs ce matin...

À l'école, tout le monde sait que, pendant quelques années, Anaïs et Tina ont été plus que de simples bonnes amies. En fait, elles se sont aimées, secrètement d'abord, puis à peu près ouvertement. Et c'est alors que Tina est tombée amoureuse d'un garçon. Elles se sont fâchées, puis Anaïs est tombée malade.

Évidemment, la nouvelle ébranle Tina.

— Comment ça? murmure-t-elle, toute blême tout à coup.

— Elle s'est évanouie pendant le cours de gym, continue Raphaëlle. On a appelé l'ambulance.

À ces paroles, les grands yeux noisette de Tina se remplissent de larmes qu'elle retient comme elle peut.

— Mais je... je croyais qu'elle allait mieux maintenant.

— Elle va mieux, confirme Giulia d'un ton rassurant, mais elle est encore trop faible pour courir.

— C'est une connerie du prof, dit Sabine. Franchement, il devrait être sanctionné. Aucune jugeote!

— *Well*, intervient Sarah, *it's weird, you know?* S'il l'avait exclue du cours, elle se serait sentie *reject*, alors... C'est pas simple de savoir quoi faire dans ce cas.

Les filles acquiescent à ce lucide résumé. Y compris Tina. Mais elle est tellement choquée qu'elle est incapable de commenter la nouvelle.

— Mais regarde, tempère Giulia, ça va aller. Elle est à l'hôpital maintenant, on va aller la voir tout à l'heure.

— À quelle heure ?

— Je sais pas... On n'a pas de cours cet après-midi, du coup...

— Alors, attendez-moi, O.K. ? Je finis à trois heures. Je veux vraiment y aller, mais je préférerais ne pas être seule. C'est mieux pour elle aussi. À moins que sa mère soit là...

— Non, sa mère est même pas au Canada. Je crois pas qu'elle va revenir aujourd'hui.

— Tant mieux, dit Tina, parce qu'elle peut pas me voir la face, et c'est réciproque.

Les filles ne font aucun commentaire. Elles s'imaginent bien que les deux familles ont dû broncher sur les amours de Tina et Anaïs.

— De toute façon, ajoute Tina, Anaïs est toujours en colère contre sa mère qui n'a jamais accepté notre amour. Elle ne voulait pas que je mette les pieds dans « sa maison », comme elle disait.

— Elle lui a dit ? demande Sabine.

— De quoi ?

— Qu'elle est en colère ?

— Ben... c'est ça, le problème. Je l'sais pas. J'espère qu'elle a fini par lui avouer sa colère, parce que...

— *Quale grosso puttana sua madre*! s'écrie Giulia qui exprime vulgairement sa pensée en italien. C'est bien pour ça que moi j'ouvre ma trappe. Vaut mieux passer pour une *orchessa* que de garder sa colère en d'dans ! T'as vu c'que ça fait ?

— Ça dépend, dit Sarah. Pas facile de tout dire à ses parents, surtout à sa mère !

— À qui l'dis-tu ! soupire Tina. Moi, ça va bien mieux avec mes parents depuis que je suis indépendante. Je les adore, de toute façon, mais pas de trop près !

— Et le père ? demande Sabine.

— Le père d'Anaïs ? Elle ne le voit plus depuis des années.

— Triste portrait, dit Raphaëlle, visiblement bouleversée.

Les filles mangent un moment en silence. Tina, abattue sur sa chaise, regarde dans le vide.

— Catherine aussi est à l'hôpital, annonce Giulia.

— Hein? fait Tina en sursautant. Catherine? Tu veux dire qu'elle est allée visiter Anaïs?

— Non. Elle a fait une crise de nerfs. Elle aussi est partie en ambulance.

Tina se couvre la bouche des mains, les yeux écarquillés, muette.

— C'est pas grave, dit Raphaëlle.

— Si, c'est grave, dit Tina, parce qu'elles vont pas bien, en fait...

— Ah ça! Elles vont pas bien, non, constate Sabine. Et nous, on les a vraiment, mais vraiment pas aidées...

Sarah n'est pas d'accord.

— On va pas continuer à culpabiliser comme ça, dit-elle. Ça sert à rien. Et puis on n'est pas responsables de leur maladie.

— C'est vrai, opine Raphaëlle. C'est pas de notre faute. Quand quelqu'un est malade, on est toujours démuni...

— Avec Cat, remarque Giulia, c'est pas qu'on est démunies, c'est que son allure nous dérange, et donc on la rejette. *So...* Avouez qu'on a honte d'être vues avec une fille obèse.

— C'est ignoble, dit Tina.

— Je dis pas que c'est pas ignoble, je dis que c'est de même.

Tina pose la tête dans ses paumes ouvertes. Elle est vraiment touchée par ces nouvelles qui la ramènent vers son histoire avec Anaïs.

— En tout cas, dit-elle, on est ben trop dépendantes de l'image qu'on donne, de la façon dont les autres nous voient ou dont on croit qu'y nous voient, comment on voudrait qu'y nous voient, ce qu'ils nous disent, nous disent pas. Si t'es, genre, une fille comme moi, fragile et peu confiante, qui a peu d'estime de soi, ben... c'est vraiment *tough*. Tu veux t'adapter au regard des autres, pis tu te perds. T'es pus toi, tu sais pus qui t'es, en fait. Le pire, c'est que tu t'aimes pus. Si les autres t'aiment pas, t'acceptent pas, ou que tu crois ça, ben tu t'aimes pus, c'est tout.

Les filles ont cessé de manger et elles écoutent attentivement. Tina ne leur apprend rien, mais sa manière d'exprimer ses sentiments les secoue.

— Bon, poursuit-elle, maintenant, ça va, depuis que j'ai quitté l'école. Mais Anaïs, depuis qu'on s'est séparées, elle n'a pas su résister. Moi, je n'ai plus peur des jugements comme avant, et je ne me mets plus de pression de perfection et de performance. Et puis, je suis en amour...

— Ça va mieux avec Teo, alors ?

— Oui. On s'est chicanés, mais on est revenus ensemble. C'est sûr que ça aide.

— Oui, dit Raphaëlle, pensive. On sait jamais trop comment les autres nous voient, en fait. *So*, attends pas qu'les autres t'approuvent pis te trouvent ben fine. Aime-toi d'abord, pis les autres t'aimeront !

Sarah hoche à nouveau la tête.

— Plus facile à dire qu'à faire.

— Ça se travaille, dit Tina. Et surtout... (elle bouge sur sa chaise, remet sa mèche en place) on doit faire attention à son corps. C'est vrai, là. C'est sérieux.

— Ah ! s'exclame Sarah en tapant sur la table du plat de la main. *That's what I always tell you, isn't it ?*

— Toi, tu fais de la morale ! dit Raphaëlle. Tu voudrais que tout le monde soit comme... parfait !

— Non, non, intervient Tina, c'est pas être parfait. Ça existe pas, la perfection ! Pis c'est pas non plus être toutes pareilles, comme des clones, genre...

— Dolly ! s'écrie Giulia.

— Quoi, Dolly ? répète Tina.

— Dolly, la brebis clonée! explique Giulia. C'est comme si on voulait être des Dolly!

— Autant dire des moutons, dit Sabine, l'air pincé. C'est vrai qu'les jeunes, on veut pas mal être pareils, habillés pareil, même poids, même taille, même attitude, même musique...

— Ouais, ben, c'est comme ça, dit Raphaëlle. On est jeunes, justement. Peut-être que dans dix ans on s'ra toutes complètement différentes les unes des autres, mais là, si t'es pas comme les autres, si tu détonnes et que tu t'intègres pas, les autres te harcèlent.

— C'est chien comme attitude, dit Tina. On peut pas être prête à faire n'importe quoi pour plaire aux autres, ça marche pas d'même!

Giulia repousse son assiette et prend sa tasse de café à deux mains. La conversation est vraiment pesante pour un beau jour de printemps!

— Je voulais savoir, dit-elle, si c'est vrai que c'est la mère d'Anaïs qui lui a demandé de maigrir.

Tina fronce les sourcils.

— Je crois pas, dit-elle, hésitante. Bon, moi, la mère d'Anaïs m'aimait pas, O.K., elle pensait que c'était moi qui avais rendu sa fille comme ça. Gaie, j'veux dire...

Mais, en fait, c'est l'inverse. Pis, bon, j'veux pas parler d'ça... Mais quand même, je la comprends. Et à part ça, c'est une femme très *cool*. Copine avec sa fille, du moins jusque-là. À cause de moi, leur relation s'est détraquée, c'est sûr, mais j'ai jamais entendu quoi que ce soit sur son poids. Elle lui a peut-être dit de mieux se nourrir, parce que Anaïs c'était pas vraiment l'hygiène de vie...

Raphaëlle rebondit sur ces mots en montrant Tina de la main pendant qu'elle s'adresse aux autres filles :

— *Yes* ! J'vous l'avais dit, pas vrai ? On sait pas c'qui est arrivé.

— Peu importe maintenant, continue Tina, l'important c'est qu'elle aille mieux. Bon, là, elle est encore trop faible, c'est sûr, ça prend du temps.

— Combien de temps ? demande Sarah.

— Oh, ça dépend. Je sais pas. J'ai une cousine qui a souffert d'anorexie et ç'a été long. Reprendre beaucoup de poids pour revenir en santé, c'est comme perdre beaucoup de poids, c'est de longue haleine. C'est pour ça que je dis qu'il faut respecter son corps le plus possible.

Un groupe de jeunes entre dans le restaurant. Tina se lève, va les accueillir, puis revient. Sans s'asseoir, elle se penche vers les filles, une main sur la table :

— J'vais devoir bosser, là, mais on se retrouve à trois heures?

— Ouais, on va venir te chercher, confirme Raphaëlle.

— Pis, c'est ça que j'voulais vous dire: parce qu'on est jeunes, qu'on a beaucoup de force, de résistance, qu'on se remet vite de nos fatigues, et tout et tout, on oublie que notre corps, c'est ça qu'on est, et avant que notre corps soit quoi que ce soit d'autre, beau, sexy, gros, mince, musclé, pas musclé, bronzé, pas bronzé... il faut d'abord qu'il soit en santé.

— Ouach! réagit Raphaëlle, mais quel discours de vieux! J'ai déjà ma mère pour me dire ça!

— Justement, poursuit Tina, t'as ben d'la chance, en fait. Parce que, ton corps, c'est toi, mais t'es pas que ça. Pis ton corps, même jeune, un jour il est juste tanné de toi. Il te lâche.

Giulia soupire très fort, fatiguée elle aussi de ce discours.

— O.K. d'abord, dit-elle pour couper court. Toi, tu bosses, et nous, on vient te chercher à trois heures.

À ces mots, la porte s'ouvre et Jasmine entre dans la pizzeria. Elle n'est pas seule...

— *Check* qui s'en vient! s'exclame Tina. Hey, t'es belle, ma Jasmine. Beau *swag*!

— On est venus vous dire bonjour, dit Jasmine en rosissant de plaisir, mais on va pas rester.

— Bonjour, d'abord, dit Giulia. Allo, Max, contente de te voir.

Maxime se tient debout, les yeux baissés, un peu gêné.

— Allo, les filles, dit-il à mi-voix.

Raphaëlle, Sarah et Sabine le regardent, émerveillées. Il est tellement mignon, tellement «'tit pit», comme dirait Raphaëlle. Un garçon gentil, sérieux, bon élève, intelligent. Si le garçon parfait existait, ce serait Max.

Mais c'est Jasmine qui mobilise leur attention. On dirait qu'elle a avalé de la dynamite, pas du tout son genre. Les cheveux ébouriffés, elle se laisse tomber sur une chaise et penche le buste en avant pour que seules ses amies l'entendent:

— On s'en va au cinéma, chuchote-t-elle.

Les filles sursautent presque. Depuis que ces deux-là sont ensemble, une telle chose ne s'est jamais produite. Comme Jasmine n'a pas le droit de sortir après l'école, elle et Maxime ne se voient à peu près que le midi. Rien d'extravagant, comme relation sentimentale. Aujourd'hui cependant, puisque les cours sont annulés à cause des événements du matin, elle peut aller au cinéma et rentrer chez elle à l'heure habituelle sans que ses parents ne se doutent de rien.

Sarah les regarde, méditative. Elle n'est jamais allée au cinéma avec un garçon, seulement avec ses parents ou avec Judith.

— Vous allez voir quoi ? demande-t-elle.
— On sait pas encore, répond Maxime en haussant les épaules. On verra sur place.

Raphaëlle, bombant instinctivement la poitrine, lui lance un clin d'œil provocant :

— Pis toi, Max, un beau gars d'même, ça te dérange pas de ne jamais voir la peau de ta blonde ?

Giulia lui flanque un coup de pied sous la table :

— Esti, t'as quoi aujourd'hui, toi ? Tu t'sens pus ?
— Quoi, c'est juste une question ! Les filles sont prêtes à tout pour pogner les gars, et Jasmine, elle, *out*

of nowhere, elle pogne le plus *cute* de l'école! Voyons don', j'y crois pas! C'est quoi, son secret?

Jasmine reste tétanisée, regardant son amie la dénigrer devant son amoureux. Mais c'est justement celui-ci qui répond:

— Tu sauras, Raphaëlle, que les gars s'intéressent pas aux filles juste pour leur physique.

— *Come on*, Max! s'exclame Raphaëlle avec un sourire narquois. Arrête de me *bullshitter*! Parce que les gars aiment les filles pour leur intelligence, peut-être?

— Pas forcément, répond calmement Maxime, mais pour leurs qualités personnelles, leur gentillesse, par exemple…

— Tu m'niaises-tu, Max? s'écrie Raphaëlle.

— Pas du tout. On peut aimer une fille juste pour le *fun* d'être avec. Pas pour fourrer pis se faire *bitcher* sur Facebook la minute d'après. Des filles comme ça, y'en a ben trop. Jasmine, elle… (il jette un coup d'œil tendre vers elle et ajoute:) elle est pas pareille.

Raphaëlle encaisse le coup avec le sourire.

— O.K…

— Hey, dit Giulia, arrête là! Ça va faire!

— Minute, répond Raphaëlle. J'veux juste savoir.

— Quoi, encore ? intervient Sarah. Laisse-les donc tranquilles.

— J'veux savoir si ça va toujours être de même, jamais coucher ensemble.

Maxime, si parfait soit-il, commence à manifester des signes d'impatience.

— R'garde, Raphaëlle, c'est juste pas d'tes affaires.

Jasmine avale sa salive, soulagée, mais lance quand même un regard drôlement furieux à Raphaëlle, puis un autre, exaspéré, à Giulia qui lève les yeux au ciel.

— Je voulais vous d'mander un service, reprend-elle. C'est que... si vous voyez ma sœur, vous lui dites rien. C'est d'accord ?

— Évidemment ! s'exclament en même temps Sarah, Raphaëlle et Giulia.

— Regarde, ma belle, lui dit Giulia avec un grand sourire, profites-en et ne pense plus à rien.

— Nous, on va à l'hôpital, de toute façon, ajoute Sabine.

Une lueur d'effroi passe dans les yeux de Jasmine qui se tourne vers Maxime, cherchant son regard rassurant.

— Vous aussi ?

— On va juste visiter Anaïs et Catherine, explique Sabine. Avec Tina.

Jasmine se lève et, prenant la main de Maxime, s'apprête à quitter le restaurant.

— Bon, dit-elle, c'est une vraie belle idée. Alors, saluez-les pour moi.

— Moi aussi, je les salue, ajoute Maxime en serrant la main de Jasmine dans la sienne.

— Hum... fait Raphaëlle. Tu devrais dire ça à ton *chum* Kevin.

— Laisse Kev où il est, rétorque Max. Il fera ben c'qu'il veut.

Là-dessus, ils se hâtent vers la station de métro.

— Y sont tellement *cute* ! s'attendrit Giulia.

— Oh oui, vraiment ! dit Sarah. Et bien assortis, finalement.

Raphaëlle a une autre analyse :

— En deux phrases, Max nous en a plus dit que Tina avec son long discours !

— Chut! souffle Giulia, dis pas ça ici! Elle a raison, Tina, en plus.

Mais elle ne peut s'empêcher de sourire malgré tout:

— *Don't you remember*? intervient Sarah. Tina a toujours été comme ça. Elle a toujours beaucoup parlé...

— Oui, acquiesce Giulia, pis elle est vraiment *smart*, elle aussi, c'est sûr, j'espère qu'elle va devenir prof d'université!

Sabine revient sur les mots de Maxime:

— Il a raison. Moi, j'le crois. Mon père m'a toujours dit qu'il était tombé en amour avec ma mère pour son caractère, sa jovialité, son dynamisme.

— *So true*! ajoute Sarah. Mes parents aussi, en fait. Ils se sont choisis parce qu'ils avaient des intérêts communs. Pas pour leur physique.

Raphaëlle secoue la tête:

— Ou pas seulement pour leur physique, tu veux dire. C'est vrai, j'en doute pas, mais c'est pour les relations plus sérieuses, plus tard, quand tu veux t'engager. En attendant...

Elle s'arrête au milieu de sa phrase, laissant les autres dans l'expectative.

— En attendant, poursuit-elle, les jeunes s'inté-ressent surtout à l'image que tu projettes. Pas à c'que t'es censé être en d'dans.

— Pis à la place que t'as dans le groupe, ajoute Sabine. On a tous et toutes comme... un rôle attribué, comme pour toujours. Et on n'en sort pas.

— Genre ? fait Raphaëlle.

— Genre, Tina c'est la fille qui parle. Toi, t'es la tri-peuse sexy. Sarah, c'est la fille posée et sportive. Giulia est une forte tête...

— Et toi ? demande celle-ci.

— Moi, ben... j'sais pas, au fond, dit Sabine. Comment on me voit en fait ?

Les filles se concertent du regard et Giulia répond :

— Toi, t'es mère Teresa !

— Hein ? s'étonne Sabine, incrédule.

— Oui, avec tous tes engagements communautaires, ton bénévolat auprès des personnes âgées, dans un centre jeunesse, dans des cuisines collectives... Ouais, c'est pas mal ça, l'idée qu'on a de toi...

— C'est pas faux, admet Sabine. Mais je suis pas que ça. Je sais même pas si c'est ça que je veux mettre en avant.

— C'est quoi alors? demande Sarah.

— Je sais pas... Tout ce que je suis, en fait. Mais je sais pas qui je suis vraiment.

— *Check*, dit Raphaëlle. On se plaint toujours d'être enfermés dans une image, mais c'est nous qui la faisons, l'image. C'est niaiseux.

— Yo, minute, les filles! *Time out*! Chu tannée de cette discussion, pas à peu près.

— Ben, c'est parce que les événements sont graves, comprends-tu, dit Sabine.

— On est d'accord, dit Giulia en soupirant, mais ça va faire! On est jeunes, O.K.? Si, à quarante ans, chu toujours préoccupée par mon image sociale pis mon *look*, que j'ai toujours pas confiance en moi, ouais, je vais comme... m'inquiéter. Mais, en attendant, Anaïs et Catherine vont se soigner, pis si on va les voir avec une face d'enterrement, pas sûr que ça leur fasse vraiment du bien, *so*...

— *So*, poursuit Raphaëlle d'un air joyeux, t'as ben raison, ma Giu! Viens-t'en, on va aller magasiner!

Cette fois, Giulia éclate de rire:

— C'est ça, Aëlle! Fais donc une femme de toi: achète-toi des souliers!

Raphaëlle ne peut s'empêcher de rire elle aussi, suivie par Sarah et Sabine.

— C'est clair! dit-elle. C'est exactement c'que j'allais faire! Pis acheter un p'tit cadeau pour Ana et Cat...

— Ohhhh, fait Giulia, la mosusse de bonne idée... Quoi, par exemple?

— Je sais pas. Viens-t'en, là, on bouge. On va ben trouver.

— Ouais mais...

— T'inquiète! la coupe aussitôt Raphaëlle en balayant l'air de la main, indiquant ainsi à Giulia qu'elle sait qu'elle n'a pas d'argent. On va s'arranger, conclut-elle, *so*, bouge de là, on a juste deux heures.

Sarah se tourne vers Sabine:

— Tu veux y aller? lui demande-t-elle, comme pour être confortée dans sa décision de ne pas y aller.

— Non, confirme Sabine en secouant la tête. En fait, j'aimerais plutôt jouer au basket.

À ces mots, Raphaëlle et Giulia se tournent vers Sabine et Sarah.

— C'est malade! s'écrie Giulia. Entre le magasinage et le basket, ces filles-là choisissent le basket! Ça existe-tu, ça?

— *Wonderful*! se dépêche de dire Sarah. On n'a qu'à faire des séries de 21, O.K.?

— Ça marche! dit Sabine en se levant.

Raphaëlle vérifie les messages sur son cellulaire. C'est bizarre, mais il n'a pas sonné de la matinée. Même sa mère n'a pas tenté de la joindre. « Tant mieux, pense-t-elle, je veux pas lui raconter ce qui est arrivé. » Alarmée par l'état d'Anaïs qu'elle a aperçue un jour en venant chercher sa fille (au coin de la rue, pas devant l'école pour que tout le monde la voie...), la mère de Raphaëlle demande régulièrement de ses nouvelles, au point que Raphaëlle cherche à éviter le sujet.

Au moment où les filles sont sur le point de se séparer devant le restaurant, après s'être donné rendez-vous à quinze heures avec Tina, elles aperçoivent un garçon qui s'amène en courant.

— J'hallucine! lâche Raphaëlle. Y veut quoi, lui?

Kevin s'immobilise devant elles, essoufflé.

— J'avais peur de vous rater, dit-il.

Les filles blêmissent.

— Qu'est-ce qui se passe? demande Sabine, la gorge nouée.

— Max vient de me texter...

— Jasmine! s'inquiète aussitôt Giulia. Est-ce que ça va?

— Oui, dit Kevin, ils sont au cinéma. Mais, c'est ça, Max m'a dit que vous allez à l'hôpital voir les filles.

Raphaëlle le fixe du regard, le sourcil froncé.

— Ça s'peut, dit-elle, sur ses gardes. *So what?*

— J'veux y aller avec vous.

Les filles se regardent, sans voix. Sourire aux lèvres, Kevin semble content de lui. Raphaëlle lui pose alors une main sur une épaule, avec un air espiègle.

— Ben, mon Kev, lui dit-elle, t'es vraiment pas un gars ordinaire. Tu vas toujours m'impressionner!

Et Kevin rougit jusqu'à la racine des cheveux.

* * *

Le soir est tombé sur la ville alanguie par la douceur de l'air. Les restaurants ont ouvert leurs terrasses pour les clients trop heureux de pouvoir manger ou boire un verre dehors. Partout, l'ambiance est légère et festive, comme chaque année lorsque le temps est venu de saluer le départ de l'hiver.

De sa fourchette, Giulia chipote les aliments qui refroidissent dans son assiette. Mal à l'aise, elle n'est pas tranquille. L'image d'Anaïs s'interpose sans cesse entre elle et la lasagne débordante de fromage fondu qu'elle a spontanément commandée parce qu'elle adore ça, mais qui maintenant lui semble hypercalorique.

Le souvenir d'Anaïs, prostrée sur un lit dans le couloir des urgences, lui coupe l'appétit. L'infirmière essayait de lui faire avaler un bol de soupe, mais Anaïs répétait sans cesse « ça ne passe pas ». Finalement, le médecin a décidé de lui administrer un soluté nutritif. Qu'Anaïs se nourrisse sous perfusion plutôt qu'avec une cuillère révèle la terrible nature de cette maladie qui la dévore, ennemi inconnu contre lequel elle ne semble plus pouvoir lutter.

Giulia repense à sa mère qui avait un jour décidé de maigrir pour plaire à son mari et pour le détourner des jeunes femmes minces, aériennes et blondes.

Mais ses efforts furent vains. À l'époque, Giulia aurait voulu secouer sa mère pour la réveiller, et aujourd'hui, à l'hôpital, devant la civière d'Anaïs, cette même pulsion incontrôlable l'a saisie. Le monstre qui s'est emparé d'Anaïs, Giulia le frapperait, c'est sûr. Elle lui ferait la peau pour sauver son amie. Mais, même en réfléchissant avec une sincère empathie, elle ne parvient pas à comprendre comment Anaïs a pu en arriver à une telle extrémité. Qui peut le savoir?

Et elle, Giulia, est-elle vraiment trop grosse? Ne risque-t-elle pas de finir comme Catherine? Pauvre Catherine, empêtrée dans sa civière trop étroite pour elle. Contrairement à Anaïs, Catherine a dévoré le monstre, et maintenant il la torture de l'intérieur. Giulia repousse son assiette. Trop de gras dans cette lasagne.

Anaïs et Catherine, aux deux extrémités de la même assiette... Est-ce une question de gènes? La mère de Catherine est plutôt corpulente, elle aussi. Est-ce à dire que personne n'échappe à la génétique? Même si sa famille est établie au Canada depuis deux générations et que Giulia se sent absolument Québécoise, dans son sang, pour toujours, circulent des codes qui déterminent ses caractéristiques physiques — la forme de son corps, son épaisse chevelure noire, ses grands yeux chocolat, l'ovale doux de son visage, le galbe de ses seins généreux, sa petite taille. Pour la complimenter, on lui dit souvent qu'elle ressemble aux madones de Raphaël ou de Botticelli. Mais si on veut la critiquer, on lui fait remarquer que ce physique n'est pas à la mode en Amérique du Nord, à notre époque où l'idéal de beauté privilégie les filles grandes, androgynes, aux hanches droites et osseuses comme celles des garçons. Les jeans *skinny* et les mi-nijupes vont si bien à ces filles que les créateurs de mode ne pensent pas à dessiner des vêtements pour des physiques comme celui de Giulia. Est-ce à dire que les très nombreuses filles qui ne sont pas ultraminces doivent renoncer aux tenues à la mode? Ce serait in-juste et discriminatoire. Pas question d'accepter un tel diktat, martelé dans tous les magazines!

« Mes ancêtres n'étaient pas des Vikings, se dit-elle, est-ce que j'y peux quelque chose? » Elle hésite quand même à terminer sa lasagne – trois mille calories bien tassées. Elle ressemble à sa mère, voilà tout. Elle ne le lui avouera jamais, mais sa mère, Giulia la trouve belle, racée, élégante, quand elle veut bien s'arranger un peu, mettre une belle robe décolletée et cintrée. Elle a même perdu tous les kilos qu'elle avait accumu-lés durant ses trois grossesses, alors, pourquoi ne pas le montrer?

Le père de Giulia pense comme sa fille: « Ta mère est belle comme Gina Lollobrigida », dit-il en souriant.

Malheureusement, personne ne veut plus ressembler à cette star du cinéma italien des années soixante. Les jeunes ne la connaissent même pas. Aujourd'hui, les critères sont imposés par les vedettes hollywoodiennes et les mannequins des marques.

Son père prétend aussi que « les gars aiment les rondeurs, pas les planches à repasser ». Dans ce cas, pourquoi sort-il toujours avec des filles squelettiques aux cheveux peroxydés, juchées sur des chaussures invraisemblables ? Elles sont toujours plus grandes que lui ! Et puis, si son ex-femme est si belle, pourquoi l'a-t-il quittée pour des filles plus jeunes et plus minces ? Il n'est pas très cohérent, cet homme, et résultat, la mère de Giulia est seule. Alors, Giulia a beau assumer ses origines, elle en a le cœur brisé. Et c'est là qu'elle a tendance à « manger ses émotions » et à se consoler avec des biscuits trempés dans du lait au chocolat. Sarah lui a pourtant donné un conseil, selon elle infaillible : « Compte les calories, tu vas voir, ça va te couper l'appétit. » Mais Giulia n'en a rien à faire des calories dans ces moments-là, et ce conseil de son amie ne fait que l'angoisser un peu plus. D'autant plus qu'elle n'a rien pu s'acheter dans les boutiques, cet après-midi-là, avec Raphaëlle. Qu'il est pénible de se voir toute boudinée dans le miroir d'une cabine d'essayage !

Assise en face de son père au restaurant, pour leur souper hebdomadaire en tête-à-tête, Giulia se sent donc tiraillée par ses pensées. Elle est sortie déprimée de l'hôpital, même si elle et ses amis, Kevin y compris, étaient contents d'avoir un peu remonté le moral d'Anaïs et de Catherine.

Finalement, elle se décide : elle ne mangera que la moitié de la lasagne et ne prendra pas de dessert. Pas de tiramisu, en tout cas. Peut-être juste un sorbet à la framboise...

Quant à Sarah, elle mange chez elle, avec sa mère. Dans son assiette, une tranche de tofu grillé, une bonne portion de quinoa rouge et de lentilles vertes, un monticule de carottes râpées et quelques feuilles de laitue à l'huile d'olive et au citron. Qu'est-ce qu'il y a au dessert ? Du yogourt aux fraises bio, bien entendu. Grâce à ce régime alimentaire, sa mère et elle sont non seulement minces, mais aussi en parfaite santé. Elles commettent bien un écart de temps en temps, mais, pour compenser, elles pratiquent de nombreux sports. Cette vie convient très bien à Sarah. Elle aime se sentir légère, mobile et souple, et puis les habitudes alimentaires sont... des habitudes, justement. Elle s'est toujours nourrie ainsi et ne veut rien y changer.

Mais, ce soir, alors que sa mère lui raconte le roman qu'elle est en train de lire, l'esprit de Sarah est à la dérive. Elle repense à la conversation qu'elle a eue ce midi avec les filles et, surtout, à leur visite à l'hôpital.

Anaïs en larmes, recroquevillée sur sa civière, pressant des deux mains sur son estomac. Un estomac? Plutôt un trou, un creux entre les hanches pointues. Cette image taraude Sarah. Et la mère d'Anaïs n'était même pas auprès de sa fille.

La mère de Sarah, elle, est toujours là et le sera toujours. Fidèle, attentive, présente à ses côtés, ou alors pas trop loin. La vie de la mère de Sarah est organisée en fonction de celle de sa fille. « *We live as Siamese twins* », pense-t-elle ce soir, l'estomac noué, incapable d'avaler les quelques aliments qui gisent dans son assiette.

Les filles ont raison: c'est vrai qu'elle est exactement comme sa mère veut qu'elle soit. Une boule de peur l'étreint soudainement, comme si elle se sentait piégée et ne savait comment s'échapper. Et si Sarah décidait de faire tout le contraire de ce que souhaite sa mère? Si elle faisait une fugue avec Judith, par exemple, dont la pensée lui donne des ailes? Si elle rentrait tard, sans prévenir, et qu'elle emmenait des garçons dans sa chambre? Si elle fumait des joints avec Raphaëlle le week-end? Ce pourrait être amusant, après tout, pourquoi pas?

Elle soupire sous le regard interrogateur de sa mère. Elle n'a pas envie de parler et baisse le regard. Tout en attaquant son tofu grillé, elle s'imagine dans un casse-croûte s'empiffrant de hamburgers, de frites et de boissons gazeuses. Elle soupire de nouveau. C'est un fantasme, elle le sait. La vérité, c'est qu'elle n'a pas d'amoureux et ne ressent pas le désir d'en avoir un. La vérité, c'est que son ventre refuserait la malbouffe, il n'est pas programmé pour ça. Mais peut-on se déprogrammer ? « Ça doit être possible, non ? » se dit-elle. Anaïs et Catherine, elles, ont bien réussi à casser leurs anciennes habitudes. « Oui, songe Sarah, mais à quel prix, *my Lord* ! »

Au fond, ça ne fait rien. Même si elle ne réalise pas immédiatement ses rêves de délinquance, qu'elle ne fugue pas avec Judith, ne fume pas avec Raphaëlle, ne couche pas avec le premier venu, ne se donne pas une indigestion de hamburgers, elle aime y penser. S'imaginer autre, différente, à l'opposé de son image habituelle, lui fait le plus grand bien. Elle éclate de rire sous le regard médusé de sa mère.

Quant à Raphaëlle, elle n'a avalé qu'une soupe aux légumes, et *basta* ! Elle a trop mangé ce midi, de toute façon, et elle a mal au ventre. Une douleur lancinante qui annonce sans doute ses menstruations, mais qui trahit aussi l'angoisse qui la tenaille depuis les événements du matin et la visite à l'hôpital. Elle a tant pleuré en voyant Anaïs et Catherine prostrées dans des civières aux urgences que son mascara a coulé sur ses joues. À la sortie de l'hôpital, les yeux rouges et bouffis, les lèvres pâles, mal à l'aise dans son corps malgré la courte robe rose et sexy qu'elle venait de s'acheter, elle s'est effondrée dans les bras de Kevin. Il l'a serrée fort contre lui, non pas comme un amant, mais plutôt comme un frère. Et cela a fait un bien immense à Raphaëlle.

Comme cela lui arrive souvent quand elle est seule, Raphaëlle est sombre et pensive. Elle a tapé « anorexie » sur Google et s'est affolée à la vue des centaines de milliers de pages et des images horribles que le moteur de recherche a instantanément régurgitées. Son cœur battait fort pendant qu'elle lisait certains articles. Ensuite, elle a tapé « boulimie » et a été tout aussi bouleversée par ce qu'elle a appris. Au bout de ses recherches, elle est sûre d'une chose : Anaïs et Catherine ne sont pas seulement malades physiquement. Leur corps renvoie l'image de quelque chose d'autre, mais de quoi ?

Elle ne se sent pas bien, Raphaëlle, couchée en boule sur son lit. Kevin vient de lui texter un bonhomme sourire, mais elle ne lui répond pas. Il est beaucoup trop dérangeant, ce garçon-là, elle n'y comprend rien. Un bras replié sous la tête, elle scrute les murs de sa chambre, pendant que des pensées contradictoires et désagréables se bousculent dans son esprit.

Anaïs était-elle vraiment aussi belle, aussi sexy que Raphaëlle croit l'être ? Raphaëlle sait combien elle est sensible et vulnérable aux regards des autres. Si la vie ne lui avait pas offert ce « *perfect body* », elle sait qu'elle aurait pu faire bien des choses pour se conformer aux critères esthétiques du moment et susciter l'admiration des autres, garçons et filles. Peut-être même surtout des filles. Parce que chez les filles règne la loi de la jungle. Le regard des autres, Raphaëlle le sent en permanence sur son corps. Elle le recherche, en joue, mais quand un jour sa silhouette changera, acceptera-t-elle cette métamorphose comme une fatalité? Non. Elle sait qu'elle usera de tous les moyens disponibles pour garder le plus longtemps possible son corps splendide et sa silhouette parfaite.

Raphaëlle se glisse sous sa couette et continue de tourner et retourner la douloureuse question qui empoisonne sa vie. Elle ne sait pas si elle ressemble à sa mère biologique, puisqu'elle ne l'a jamais vue. Au sein de sa famille adoptive, sa vraie famille qui l'aime depuis toujours, personne ne lui ressemble physiquement. Les autres membres de la famille, eux, se ressemblent tous. À leurs yeux, Raphaëlle est leur trésor, la petite fille qu'ils ont sauvée. Ils y font attention comme si elle était une poupée de porcelaine, l'appellent « ma toute belle », mais Raphaëlle se sent comme un caniche au milieu du salon. Mais c'est un caniche qui fume, boit, se sert de son corps sans avoir peur de l'abîmer. Son corps est parfait, c'est tout. Elle n'y fait pas particulièrement attention, se contentant de l'envelopper dans le meilleur paquet-cadeau possible : beau maquillage, vêtements chers, crinière de feu, et de l'allure, surtout de l'allure, c'est l'essentiel. L'allure comme une armure qui la rend invulnérable, inaccessible, surtout aux gars à qui elle tient la dragée haute. C'est ce qu'il faut faire, croit Raphaëlle, sinon, comme sa pauvre mère biologique, on se fait larguer à quatorze ans avec un bébé qu'on est obligée d'abandonner, comme on abandonne un caniche dans un salon cossu, en sachant que là, au moins, on va prendre soin de lui.

Oui, mais la dure réalité, c'est que... c'est une sacrée chance que sa mère biologique l'ait abandonnée ! Le visage enfoui dans l'oreiller, Raphaëlle n'aime pas la petite voix insidieuse qui lui dit que, si sa mère biologique ne l'avait pas fait adopter, elle serait peut-être aujourd'hui une décrocheuse violente et droguée qui vivrait dans la rue. Son cœur se serre. La petite voix pourrait bien avoir raison.

Kevin a la casquette bien enfoncée sur la tête. Même chez lui, dans sa chambre, il a besoin de ce couvre-chef, celui-là ou un des quinze qu'il possède, pour se sentir protégé. Au pied du canapé dans lequel il est affalé, le chat fait ses délices des restes d'une cuisse de poulet rôti et de frites mayo. Kevin délace ses chaussures de marque et les balance à l'autre bout de sa chambre, puis reprend sa manette et se visse les écouteurs dans les oreilles. Ses yeux font des allers et retours de l'écran de la télévision, sur lequel il contrôle des joueurs de soccer, à celui de son cellulaire. Raphaëlle ne répond pas à ses appels.

Soudain, l'appareil se met à vibrer pour la cinquantième fois de la soirée. Il pose la manette et aboie quasiment dans le micro : « Yo ! En forme ? » C'est Mathieu. Non, il ne sortira pas à cette heure. Il l'a promis à sa mère, et demain il a école. « Pozé, *man*, à demain », dit-il en raccrochant.

Kevin n'arrive pas à chasser de son esprit le regard d'Anaïs perdu dans le vague, à l'hôpital. Ni l'image glauque du corps de Catherine, tellement heureuse de le voir, de le retrouver, qu'elle s'était pendue à son cou, en pleurs. Mais cette fille lui fait peur, maintenant qu'elle est deux fois plus épaisse que lui. Néanmoins, il est content d'être allé à l'hôpital, même s'il a fait ça surtout pour impressionner Raphaëlle.

Il est fatigué de passer pour ce gars insensible et frivole qui éblouit les filles sans jamais s'attacher. Il n'y peut rien s'il n'est pas amoureux. Les filles sont connes, c'est tout. Elles n'ont qu'à savoir ce qu'elles veulent après tout. Raphaëlle, elle, ne se laisse pas faire. C'est la seule fille qu'il aurait voulu garder, mais c'est la seule qui l'a abandonné. Pourtant, il sait qu'elle n'est pas indifférente ni aussi sûre d'elle qu'elle veut le laisser paraître. Elle a pleuré à l'hôpital, elle était si bouleversée, presque aussi perdue qu'Anaïs. Mais pourquoi ne répond-elle pas ? Ils pourraient juste être bien ensemble, passer du bon temps. C'est compliqué.

Raphaëlle ressemble physiquement à la mère de Kevin, quand celle-ci était jeune. Kevin l'a tout de suite remarqué. Même dégaine, même désinvolture, même regard de défi. Elle a bien changé, sa mère. Si elle pouvait retrouver son assurance, cesser d'attendre qu'un prince charmant atterrisse chez elle dans une limousine blanche, tout irait mieux. Kevin se sentirait moins oppressé. Et puis, si elle pouvait cesser de l'idéaliser, de le prendre pour « le plus beau garçon de la terre », le plus brillant, le plus serviable, le plus... Tout ce qu'il n'est pas ou n'a pas l'impression d'être.

Raphaëlle ne répondra pas. Et lui n'a pas envie de dormir. Il aurait dû passer voir Francis avant de rentrer. Il aurait pu rouler un *blunt*. Ça l'aurait aidé à s'endormir.

Dans la salle de bains dont elle a verrouillé la porte, Jasmine observe son corps nu dans le miroir en pied. Elle se trouve jolie. Elle a les membres longs et fins, les cheveux brillants, les yeux en amande. Elle est séduisante, tout le monde le lui dit. Maxime le premier. Il l'a encore complimentée aujourd'hui, serré tout contre elle, main dans la main. Quel était le titre de ce film ? Elle ne s'en souvient plus. Aller au cinéma avec

Max pour la première fois, ce n'était pas aller voir un film. C'était un rêve. Le film, c'est maintenant. Elle peut se le repasser en boucle dans la tête, revenir en arrière, s'arrêter sur les moments qu'elle a préférés. Par exemple, quand il lui a dit, comme un vrai héros hollywoodien, qu'il l'aimait vraiment, avant de l'embrasser. Elle en rougit encore, se touche l'épaule, apprécie la douceur de sa peau entretenue par les séances au hammam avec sa mère.

Sa mère l'a regardée bizarrement quand elle est rentrée cet après-midi, comme si de rien n'était, comme s'il y avait eu école. Comme si c'était un jour ordinaire, alors que c'était le jour le plus extraordinaire de toute sa vie. Même au hammam, sa mère ne se dénude pas totalement. Ses longs cheveux serrés en chignon, elle ne se départit jamais d'un caftan de léger coton blanc, le corps à l'abri du regard des autres femmes, mais aussi de celui de sa fille. Pourtant, ce sont de vrais moments d'intimité, où la mère et la fille pourraient échanger davantage de confidences. Mais comment Jasmine oserait-elle lui parler de Maxime, lui dire qu'elle est amoureuse, lui demander conseil aussi, sur ce qu'elle devrait faire? Ce n'est pas possible. Elle doit cacher ses sentiments comme elle doit cacher son corps. Et l'impossibilité du partage la blesse. Jasmine est sensible. Elle adore sa mère. Elle préférerait jouer franc-jeu avec elle.

Le corps de sa mère, sa nudité, ses cheveux défaits, sont exclusivement réservés à son père. Leur voisine juive hassidique, qui porte à longueur d'année une perruque et des jupes longues sur des bas épais, voue elle aussi sa nudité à son mari. De plus en plus, Jasmine pense que toutes ces dissimulations ne sont pas normales. Malgré son éducation, elle en voit surtout les inconvénients et non les bons aspects. Non pas qu'elle veuille s'exposer, comme trop de filles de son école. Ce n'est pas son caractère. Elle préfère le mystère, et sa pudeur est une seconde peau.

Jasmine sait que trop en montrer aux garçons, se jeter dans leurs bras même s'ils ne vous ont rien demandé, se comporter carrément comme un objet sexuel, ce n'est pas la liberté, mais un déni de soi. C'est comme si l'on n'était qu'un produit de consommation, qu'on n'existait qu'à travers son apparence physique. C'est un piège, Jasmine le sait. Contrairement à beaucoup de filles de son école, elle ne confond pas tout. « Je ne suis pas ce que vous voyez, pense-t-elle. Je suis beaucoup plus que ça. »

Face au miroir, elle se demande comment elle fera avec Maxime. La trouverait-il belle, nue contre lui? Est-ce qu'elle ne se découvrira que devant lui, à huis clos, dans une chambre fermée, comme le font ses parents?

Ce n'est pas simple.

Quand dire oui, dire non?

S'affirmer ou faire confiance?

Se faire confiance et se fixer des limites, quitte à risquer de se retrouver seul(e)?

On se voit comme on est regardé, mais on ne peut pas se faire victime des jugements extérieurs.

Quel que soit notre âge, il n'est pas simple de nous aimer tels que nous sommes.

DE QUOI ÇA PARLE?

C'EST QUOI LE RAPPORT?

Le regard sur soi et le regard des autres

Être bien dans sa peau, ça ne veut pas dire la même chose pour tout le monde.

Face à Anaïs, pour qui le poids est une obsession quotidienne, et à Catherine, qui semble avoir perdu le contrôle sur son alimentation, Giulia, Sarah, Jasmine et Raphaëlle ont chacune leurs interrogations. Quelle importance devraient-elles accorder au regard des autres et à l'image qu'elles ont d'elles-mêmes ? Vaut-il mieux être admirée pour son apparence physique ou pour sa personnalité ?

Et toi, qu'en penses-tu ? Partages-tu l'opinion de l'une des filles, ou non ?

 QUATRE FILLES, QUATRE OPINIONS

Ces affirmations reflètent ce que les quatre filles pensent du regard sur soi et du regard de l'autre. À quel point es-tu d'accord avec elles ?

	oui	+ ou −	non
Affirmations			
Giulia : « On ne peut pas laisser les autres décider de quoi on a l'air. »			
Sarah : « On veut toutes être pareilles aujourd'hui, mais plus tard on voudra peut-être le contraire. On ne sait même pas à quoi on va ressembler dans dix ans. »			
Giulia : « Je m'assume, mais je veux quand même qu'on m'aime comme je suis, dans mon corps et dans ma tête. »			
Raphaëlle : « C'est sûr que les gars remarquent notre physique avant notre intelligence. »			
Jasmine : « Oui, je soigne mon look, mais pas pour impressionner le monde. J'ai d'autres moyens de me faire valoir. »			
Giulia : « L'apparence, c'est pas tout. C'est pas parce que les gens te trouvent belle qu'ils t'aiment, ni qu'ils te respectent, et encore moins qu'ils s'intéressent sincèrement à toi. »			
Sarah : « Y'a pas de beauté possible sans un corps en santé. »			
Giulia « C'est dommage de voir des filles prêtes à tout pour se faire remarquer par les gars. »			
Raphaëlle : « On se comporte constamment comme dans un concours de Miss Univers ou comme Blanche-Neige, à jouer à "dis-moi qui est la plus belle". La plus belle, par contre, j'la bitche tant que j'peux. »			
Sarah : « On devrait apprendre à moins juger les autres. On est toutes différentes, c'est ça qui est ça. »			

	oui	+ ou −	non
Raphaëlle : « Moi, j'ai besoin d'me sentir belle pour m'aimer. »			
Sarah : « Le corps, c'est pas juste pour l'apparence, n'oubliez pas ça. »			
Jasmine : « Les filles, on est pas mal plus chiennes entre nous, avouez. »			
Raphaëlle : « Moi, je pense qu'il vaut mieux faire l'envie des autres que de leur faire pitié… Si tu les impressionnes, ils te laissent tranquille ! »			
Sarah : « À force de lire des magazines, les filles veulent toutes avoir l'air de mannequins ou de stars. »			
Jasmine : « C'est sûr que si Maxime me disait qu'il me trouve grosse, je maigrirais ! »			

Raphaëlle, si fière de son physique quand elle est avec ses amies, donne l'impression d'avoir confiance en elle, mais qu'en est-il vraiment ? Son besoin d'attirer les regards ne trahit-il pas son incertitude ? Giulia, qui s'affirme et ne s'en laisse pas imposer, se demande pourquoi certaines filles acceptent de se laisser dicter leur apparence, voire leur poids. Pourtant, lorsqu'elle est seule avec elle-même, ça ne l'empêche pas de se demander si elle devrait maigrir. Quant à Jasmine, elle semble bien dans sa peau, mais elle aimerait avoir le luxe de faire ses propres choix, sans risquer de choquer sa famille. Elle ne peut nier qu'elle a besoin de l'approbation des autres, particulièrement de Maxime, pour être à l'aise avec son apparence physique. Sarah, pour qui le corps « c'est d'abord la santé », tente de se rassurer en se disant que c'est « la faute » de l'adolescence, avec toutes les transformations physiques qu'elle engendre, qui explique un tel déséquilibre chez Anaïs et Catherine. Malgré tout, Sarah ne peut éviter de penser à ce qu'elle a entendu sur la nature de la relation d'Anaïs avec sa mère, sur les difficultés qu'avait Anaïs à exprimer ouvertement sa colère.

Peut-être que tu es entièrement d'accord avec l'une des quatre filles, mais ton opinion est probablement faite d'un mélange de leurs réponses. En fait, tes opinions dépendent beaucoup de tes expériences relationnelles et affectives passées. **C'est par ces expériences que tu construis ton estime de toi et ton identité.** Toutes ces expériences vont aussi changer **le regard que tu poses sur toi** et définir **ta capacité d'affirmer tes besoins et tes désirs.**

• •

C'est quoi le rapport avec moi?

Je ne suis pas celle que vous voyez

Peut-être que toi et des filles de ton entourage avez vécu des expériences similaires à celles de Catherine ou Anaïs. Ou peut-être que, comme elles, tu as déjà senti que le regard des autres était largement influencé par ton image. Ce genre de situation est très difficile à vivre, parce que c'est comme si on résumait l'identité d'une personne à une seule chose : son apparence.

«Oui, ça m'arrive de temps en temps... et c'est jamais le fun!»
- Comment te sens-tu quand tu te sens jugée? Rejetée, triste, frustrée?
- À quel point est-ce que ça te bouleverse? Gardes-tu quand même confiance en toi? As-tu développé des trucs pour ne pas te laisser atteindre?

«J'ai de la chance, ça ne m'est jamais vraiment arrivé.»
Si tu n'as jamais senti qu'on te jugeait uniquement sur ton apparence, peut-être connais-tu des gens qui ont vécu cela.
- Quelles émotions as-tu ressenties ? Par exemple, tu as peut-être ressenti de la compassion ou de la colère face à la situation vécue par la personne que tu connais.
- De quelle(s) façon(s) as-tu exprimé tes émotions ? Réagirais-tu de la même façon si la situation se reproduisait ?

Il existe autant de types de regards que de façons de recevoir ces regards

Face aux autres, te sens-tu attrayante ? Séduisante ? Laide et repoussante ? Quels sont ces regards que tu sens sur toi ? En découvrant progressivement qui tu es, tu te sentiras de moins en moins vulnérable au regard de l'autre.

Parmi les pensées ci-dessous, lesquelles te viennent à l'esprit lorsque tu te regardes dans un miroir ?

☐ Je pourrais être plus mince.

☐ Au moins, j'ai de beaux yeux !

☐ Les gens ont raison de me complimenter sur mes cheveux, c'est vrai qu'ils sont beaux.

☐ Bof, tout est de travers, rien ne me met en valeur !

☐ Je ne suis pas parfaite, mais je ne suis pas trop mal non plus.

☐ J'aimerais être comme… (choisis un modèle pour toi).

☐ Je n'aime pas mon nez, encore moins mon menton.

☐ Je suis plutôt jolie, comparativement à mes amies.

☐ Je suis trop poilue, j'ai l'air d'une ourse.

Pourquoi ai-je les hanches si larges ?

Mes seins sont vraiment trop petits !

J'apprécie ma taille, je peux tout porter.

Si seulement j'étais plus grande, j'aurais plus de choix en matière de vêtements.

Heureusement que le maquillage existe !

Je ne me trouve pas particulièrement belle, mais au moins mon copain ne partage pas mon opinion.

Pourquoi ai-je hérité des cheveux bouclés de ma mère ?

J'aimerais avoir une taille comme celle des mannequins.

Pourquoi je ne ressemble pas plus à ma sœur ? Elle est tellement plus jolie que moi !

Je n'ai pas les dents assez blanches. J'aimerais avoir des dents éclatantes !

Rien à faire, j'ai les traits de ma mère. Pas la peine d'essayer d'être différente.

J'ai toujours des tonnes de boutons dans le visage. J'aimerais avoir une peau parfaite !

Mon sourire est vraiment mon meilleur atout.

TIENS-TU UN JOURNAL INTIME ?

Si tu préfères, tu peux répondre à ces questions dans ton journal, à l'abri des regards indiscrets !

Quelles autres pensées te viennent à l'esprit quand tu te regardes dans le miroir ?
- Y a-t-il une partie de ton corps qui te complexe plus qu'une autre ? Tes amies partagent-elles ton opinion ?
- As-tu plus de pensées *positives* ou *négatives* relativement à ton corps ?
- As-tu le sentiment de te comparer beaucoup aux autres ?
- De quelle façon pourrais-tu transformer tes pensées négatives par rapport à ton apparence physique ?

Qui es-tu ?

Il peut être difficile pour toi de répondre aujourd'hui à cette question. C'est tout à fait normal : mettre en mots tout ce qui définit ton identité n'a rien d'évident. *Toute ta vie, tu définiras qui tu es,* et, tout comme toi, ton identité est en constante évolution. Ton identité, c'est à la fois ta personnalité et ton apparence physique.

Ta **personnalité,** c'est ce que tu penses, ce que tu ressens, ce à quoi tu accordes de l'importance, ce à quoi tu rêves, ce que tu aimes, ce qui te passionne. C'est aussi ta façon d'agir, les choses que tu dis, tes expressions, ton attitude, tes sentiments, tes valeurs, tes opinions.

Ton **apparence,** c'est ton *look*, ton corps, tes yeux, ta grandeur… En fait, c'est tout ce que les autres voient au premier coup d'œil.

QUI SONT TES MODÈLES ?

Exemples de traits de caractère : sociable, ambitieux, fonceur, intelligent, dynamique, gentil, créatif.

Tu peux d'abord penser aux gens autour de toi, puis à des personnalités connues que tu apprécies, qu'elles soient actrices, mannequins, athlètes ou chanteuses. Pourquoi admires-tu ces personnes ?

Tes modèles :	Les traits physiques ou traits de caractère que tu admires chez ces personnes :
1)	1)
2)	2)
3)	3)
4)	4)
5)	5)
6)	6)
7)	7)
8)	8)
9)	9)
10)	10)
11)	11)
12)	12)

TIENS-TU UN JOURNAL INTIME ?

Si tu préfères, tu peux répondre à ces questions dans ton journal, à l'abri des regards indiscrets !

Après avoir analysé tes réponses, dirais-tu que les caractéristiques physiques prennent autant de place que les traits
de caractère ?

_____

_____

Partages-tu des traits de caractère ou des caractéristiques
physiques avec tes modèles ? Si oui, lesquels ? Sinon, quels
traits aimerais-tu partager avec eux ?

_____

_____

« Moi, je suis une fille sportive »

Certaines facettes de ta personnalité sont plus dominantes que
d'autres et influencent davantage tes choix au quotidien. Si, par
exemple, le sport est important dans ta vie et que tu fais partie
d'une équipe de basket depuis peu, tu passeras plus de temps
avec ces filles, tu auras moins de temps pour d'autres activités
et tu changeras peut-être ton alimentation et ton style vestimentaire. Tu deviendras peut-être plus compétitive et plus
dynamique, ton groupe d'amis s'agrandira et tu deviendras
peut-être même plus sociable, et ces nouvelles facettes de ton
identité influenceront aussi tes choix au quotidien.

Cela dit, même si certaines facettes de notre identité sont plus
importantes que d'autres, nous ne sommes jamais qu'une
seule chose. Quand on dit de toi que tu es drôle, timide, généreuse, colérique, douce, athlétique, têtue, travaillante, petite,
méfiante, attentionnée, optimiste, rationnelle, talentueuse,
etc., sache que ces mots définissent quelques-unes des milliers

de facettes de ta personnalité. Peut-être que tu es parfois colérique, mais tu es beaucoup d'autres choses encore. Peut-être es-tu petite, mais ce n'est pas avec ce seul mot que tu pourras te définir. Tu peux être sportive, mais cela ne t'empêche pas d'être aussi généreuse, sociable, spontanée, et tu peux aussi adorer les chiens, rêver de devenir pilote d'avion, raffoler de la pizza aux quatre fromages et vénérer la musique punk!

 **LA LISTE DE 50 MOTS**

As-tu déjà pensé au fait que des milliers de mots peuvent te décrire? C'est presque infini! Sur une feuille, dresse la liste de tous les mots qui te viennent spontanément à l'esprit quand tu penses à toi-même. Ne réfléchis pas trop, ce n'est pas grave si tu te répètes. Ne t'arrête qu'après avoir inscrit 50 mots.

- Que remarques-tu?
- Tes mots sont-ils davantage liés à ton apparence, à ta personnalité, à tes rêves, à tes activités? Trouves-tu que cette liste te représente bien?
- Encercle dans ta liste les 15 mots qui te décrivent le mieux.

• •

Quand tu dis « moi »,
de qui parles-tu ?

Ton identité, ou ton « moi », c'est à la fois la personne que tu es en privé et celle que tu es en présence des autres. C'est un peu comme s'il y avait deux « moi » en chaque personne : le « moi privé » et le « moi social ».

Ton **moi privé,** c'est **tout ce que tu es comme fille :** tes besoins, tes valeurs, tes désirs, l'image que tu as de toi et de ton corps, l'image que tu aimerais que les autres aient de toi.

Ton **moi social,** c'est **l'image de toi que tu laisses voir aux autres :** ton apparence, ton style, les opinions et sentiments que tu partages, ton attitude, tes réactions, tes paroles.

L'image de toi que tu laisses voir aux autres peut être identique à celle que tu as de toi-même, mais elle peut aussi être très différente. Raphaëlle, par exemple, affiche en public une confiance qu'elle ne ressent pas nécessairement quand elle est seule dans sa chambre.

« Je veux être **unique**. »

Moi, sous pression

S'il est influencé par la pression du groupe, ton moi social peut être différent de ton moi privé. Cette pression s'exerce tout au long de la vie, mais particulièrement à l'adolescence, quand on apprend à se définir. Si cette pression et ton besoin de te sentir aimée et acceptée par tes amies sont trop forts, tu risques d'agir en fonction des besoins et des attentes des autres et de ne jamais apprendre à te connaître réellement.

« Je veux aussi être aimée et acceptée. »

C'est normal de réagir à la pression de ceux qui t'entourent. Le moi privé et le moi social peuvent coexister sans être absolument identiques. L'important, c'est d'éviter les extrêmes. Tu peux, par exemple, soigner ton apparence physique, mais sans que cela devienne une obsession. C'est en parvenant à trouver un équilibre confortable entre tes deux moi, et non pas en essayant d'avoir l'air de ce que tu n'es pas, que tu te sentiras véritablement bien avec toi-même et avec les autres.

« moi privé »   « moi social »

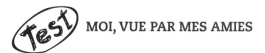 MOI, VUE PAR MES AMIES

Tes amies et toi, inscrivez chacune votre nom au haut d'une feuille, puis faites circuler ces feuilles d'une personne à l'autre. Sur chaque feuille, écrivez chacune tous les mots qui vous viennent en tête au sujet de la personne à qui la feuille appartient. Quand ta propre feuille te reviendra, tu pourras prendre connaissance des traits qu'on t'attribue. En lisant les réponses de tes amies, as-tu l'impression que leur perception correspond à la personne que tu es véritablement ? Avec quels mots es-tu en accord et, s'il y en a, lesquels te surprennent ? Compare cette liste à ta propre liste de 50 mots (page 105). Le regard des autres est-il similaire à celui que tu poses sur toi ?

• •

Mon look à moi

LE *LOOK*

Le look est un élément de ton image sociale, celle que tu acceptes de montrer. Cette image sociale peut cacher certains aspects de ta personnalité que tu ne veux pas afficher publiquement.

Comme Giulia, tu peux être prise de doutes face à ton corps et t'habiller d'une manière suggestive tout en étant incertaine d'être séduisante. Ou, comme Jasmine, tu peux t'habiller sobrement tout en te sentant féminine et attirante. Donc, ton *look* n'est pas forcément le reflet de ce que tu ressens intérieurement.

> N'oublie pas :
> le look que tu affiches en présence des autres disparaît lorsque tu te retrouves seule face à ton miroir.

Que tu sois ou non sensible aux regards des autres, il est vrai que ton apparence peut t'aider à te sentir acceptée par ton groupe d'amies, si ton apparence indique que vous partagez des goûts similaires quant aux vêtements, à la coiffure, aux critères de beauté, etc. Cela peut influencer tes choix, t'inciter à abandonner certains *looks* pour d'autres. Un même *look* peut être inspiré par des motivations différentes, selon les individus. Même si tu cherches à ressembler à ta meilleure amie, vos intentions ne sont pas nécessairement les mêmes. Il est donc important de faire tes choix en fonction de tes intérêts personnels.

TON LOOK, UNE FAÇON PARMI TANT D'AUTRES DE T'EXPRIMER

- Que cherches-tu à communiquer aux autres par ton *look* ?
- Qu'est-ce qui te plaît vraiment dans ce *look* ?
- Retourne à ta liste de 50 mots (page 105). Ton *look* correspond-il à certains de ces mots ?

Pas la même qu'hier, ni celle que je serai demain

Au fil des expériences, des amitiés et des relations amoureuses que tu vivras, ta personnalité s'affirmera. Tu deviendras de plus en plus sûre de toi, de tes choix, de tes désirs et de tes goûts. Comme tes goûts, tes opinions et tes rêves, ta personnalité évoluera avec le temps.

Ton apparence aussi évolue constamment. Tu peux certainement changer de *look* si le cœur t'en dit, et tu peux aussi changer ton hygiène de vie (ton alimentation, tes activités, tes heures de sommeil), ce qui aura des répercussions sur ton apparence. Mais il y aura toujours des aspects de ton apparence qui changeront sans que tu le souhaites…

C'est en apprivoisant les changements qui s'opéreront en toi et en acceptant tout ce que tu es (ton corps, ta personnalité, tes besoins, tes désirs, tes peurs, etc.) que tu pourras réellement découvrir et accepter ton identité. Dans ce processus, ton moi privé et ton moi social s'influenceront à tour de rôle et continuellement. Parfois, ton moi privé dominera ; parfois, ce sera ton moi social.

AS-TU TROUVÉ L'ÉQUILIBRE?

1. Je crois que les gars préfèrent les filles qui obéissent aux critères de beauté des magazines de mode. Pour cette raison, je ne m'habille qu'en fonction des tendances.

☐ a) parfois ☐ b) souvent ☐ c) jamais

2. Je me sens bien dans mon corps et j'aime mettre en valeur mes atouts, soit mes beaux yeux, mes cheveux, mes jambes ou ma poitrine.

☐ a) parfois ☐ b) souvent ☐ c) jamais

3. Même si j'ai les yeux cernés et que je ne me sens pas au mieux, mon amoureux arrive toujours à me faire sentir belle.

☐ a) parfois ☐ b) souvent ☐ c) jamais

4. Pour moi, il est important que mon apparence soit conforme à celle de mes amies, même si je ne suis pas tout à fait à l'aise.

☐ a) parfois ☐ b) souvent ☐ c) jamais

5. De temps en temps, je ressens le besoin de me distinguer par l'habillement. Je n'ai pas peur d'expérimenter de nouvelles tendances!

☐ a) parfois ☐ b) souvent ☐ c) jamais

6. Je peux parfois renoncer à mes goûts et à mes besoins pour plaire à mon amoureux. Par exemple, j'accepte de mettre parfois des talons hauts, même si je sais qu'après une heure j'aurai des ampoules aux pieds.

☐ a) parfois ☐ b) souvent ☐ c) jamais

• **7.** Je me sens confiante lorsque je suis avec mes amies et que nous discutons de nos goûts et intérêts.

☐ a) parfois   ☐ b) souvent   ☐ c) jamais

• **8.** Même si mon corps change et que parfois cela me préoccupe, je me sens rassurée quand je constate que le corps de mes amies change aussi.

☐ a) parfois   ☐ b) souvent   ☐ c) jamais

• **9.** En groupe, je parle peu et j'ai tendance à adhérer aux propos des autres. Je préfère ne pas sortir du lot et garder mon opinion pour moi.

☐ a) parfois   ☐ b) souvent   ☐ c) jamais

• **10.** Même si je sais qu'ils ne feront pas l'unanimité, j'aime faire découvrir mes centres d'intérêt à mes amis.

☐ a) parfois   ☐ b) souvent   ☐ c) jamais

Pointage

1.	a) 2	b) 1	c) 3
2.	a) 2	b) 3	c) 1
3.	a) 2	b) 3	c) 1
4.	a) 2	b) 1	c) 3
5.	a) 2	b) 3	c) 1
6.	a) 2	b) 1	c) 3
7.	a) 2	b) 3	c) 1
8.	a) 2	b) 3	c) 1
9.	a) 2	b) 1	c) 3
10.	a) 2	b) 3	c) 1

Total : _____

Résultats

25 points et plus : Bravo ! Tu sembles avoir trouvé l'équilibre entre la personne que tu es véritablement et celle que tu es en présence d'autrui. Tu as confiance en tes qualités et tu te sens bien dans ta peau. Tu n'es pas prête à renier tes goûts et tes valeurs pour plaire aux autres ; au contraire, tu te montres telle que tu es vraiment.

De 15 à 24 points : Tu n'as pas encore tout à fait trouvé l'équilibre entre tes deux « moi ». Tu peux par moments t'affirmer sans réserve, mais ta peur de ne pas être aimée te pousse souvent à adhérer aux opinions et aux intérêts des autres. Ton identité reste donc peu affirmée, dépendante du regard des autres et de leur approbation. Tu peux encore gagner en confiance. Ne lâche pas, tu es sur le bon chemin !

Moins de 15 points : Ton désir de plaire aux autres est plus fort que ton besoin d'affirmer ton individualité. À ce stade de ta vie, tu as tendance à répondre à toutes les demandes sans toujours penser à tes besoins. Tu trouves difficile de gérer la pression de ton entourage et tu as peut-être déjà accepté de transformer ton *look* du jour au lendemain pour plaire à ton amoureux ou pour te faire accepter par tes amies. Commence par identifier des situations où tu peux t'affirmer plus facilement, et ta confiance en toi augmentera graduellement.

Corps en santé, corps malade?

Dans cette histoire, Anaïs est anorexique. Tu as peut-être déjà entendu ou vu un reportage sur la complexité de l'anorexie. Il s'agit d'une maladie grave qui survient plus souvent à l'adolescence. Voici quelques explications pour te permettre de mieux comprendre ce qui se passe chez Anaïs.

- Bien qu'elle soit plus répandue chez les filles, l'anorexie peut aussi affecter des garçons.
- Qu'elle touche les filles ou les garçons, cette maladie s'installe progressivement.
- Un élément déclencheur fait émerger la maladie, mais n'en est pas à lui seul responsable. La maladie profite sans doute d'une vulnérabilité qui existe depuis longtemps.
- Même si l'anorexie touche surtout des adolescents, on l'observe aussi à l'âge adulte.

C'est un peu comme le tabagisme. Tu connais peut-être des filles qui se sont mises à fumer alors qu'elles étaient vulnérables. Par exemple, leur besoin d'appartenance pouvait les rendre plus sensibles à la pression sociale. Certaines sont peut-être restées accros au tabac, tandis que d'autres sont passées à autre chose. L'existence d'une vulnérabilité contribue au déclenchement de la maladie, mais elle ne la cause pas. Cela explique pourquoi Anaïs a développé cette maladie, contrairement à d'autres filles qui ont pourtant suivi des régimes amaigrissants ou qui sont complexées physiquement.

À l'adolescence, tu changes, mais les regards posés sur toi changent aussi. Tous ces changements peuvent ébranler ta confiance, surtout si ton image de toi-même est fragile.

Le régime amaigrissant d'Anaïs a contribué à faire émerger un rapport au poids obsessionnel. L'anorexique contrôle son alimentation d'une manière excessive, par crainte de grossir, perdant ainsi de vue les conséquences néfastes de cette obsession sur la santé. La nourriture devient donc synonyme d'angoisse et de panique.

On parle d'obsession, parce que la personne qui souffre d'anorexie se focalise exagérément sur son poids, adoptant des conduites alimentaires rigides et très restrictives.

CONSEIL DE PRO

Si tu penses que tu es aux prises avec un dérèglement alimentaire, tu dois absolument en parler en toute confiance à quelqu'un. De nombreux professionnels peuvent t'aider. Agis de la même manière si une de tes amies semble souffrir de ce problème.

BOÎTE À OUTILS

 SUR UNE ÉCHELLE GRADUÉE DE 1 À 3, COMMENT VIS-TU LES CHANGEMENTS DE TON CORPS?

- **1.** Es-tu à l'aise avec les métamorphoses de ton corps, comme l'apparition des seins, l'élargissement des hanches?

  ☐ pas du tout ☐ moyennement ☐ tout à fait

- **2.** Acceptes-tu ta féminité, par exemple en mettant tes atouts en valeur?

  ☐ pas du tout ☐ moyennement ☐ tout à fait

- **3.** Te trouves-tu plus jolie que lorsque tu étais plus jeune?

  ☐ pas du tout ☐ moyennement ☐ tout à fait

- **4.** Es-tu à l'aise avec les imperfections de ta peau (acné) qui apparaissent avec les hormones?

  ☐ pas du tout ☐ moyennement ☐ tout à fait

- **5.** Es-tu à l'aise avec l'idée de te dévêtir, par exemple dans le vestiaire à l'école, et qu'on puisse entrevoir certaines parties de ton corps?

  ☐ pas du tout ☐ moyennement ☐ tout à fait

- **6.** Te sens-tu «comme les autres» quand tu te regardes dans un miroir?

  ☐ pas du tout ☐ moyennement ☐ tout à fait

● **7.** Es-tu à l'aise quand tes proches (frères, sœurs) commentent les changements physiques qui t'affectent ?

◻ **pas du tout**   ◻ **moyennement**   ◻ **tout à fait**

● **8.** T'adaptes-tu facilement à certains phénomènes nouveaux, par exemple l'apparition des règles ?

◻ **pas du tout**   ◻ **moyennement**   ◻ **tout à fait**

● **9.** Trouves-tu aisément des vêtements dans lesquels tu te sens confortable ?

◻ **pas du tout**   ◻ **moyennement**   ◻ **tout à fait**

● **10.** Vis-tu bien l'émergence du désir sexuel ?

◻ **pas du tout**   ◻ **moyennement**   ◻ **tout à fait**

Pointage

Pas du tout : **1 point**   Moyennement : **2 points**   Tout à fait : **3 points**

Résultats

Plus de 20 points : Tu t'adaptes plutôt bien à cette période de l'adolescence. Tu as suffisamment confiance en toi pour ne pas te laisser affecter outre mesure par les changements du corps. Même si tu as conscience de ces changements, tu ne te laisses pas décourager par certains aspects négatifs. Tu restes positive et zen.

De 15 à 20 points : Ta confiance en toi n'est pas encore au plus haut degré. Tu doutes de ta beauté et de ton pouvoir de séduction. Tu ressens un malaise à l'idée d'être regardée par les autres, même si c'est pour ta beauté. Ton score indique aussi une certaine gêne avec ta féminité. Tu as peut-être tendance à avoir des complexes quand tu t'examines dans un miroir et/ou quand tu te compares aux autres. Parle à une personne digne de confiance du malaise que tu ressens face à ton corps. Déjà, tu commenceras à te sentir mieux !

Moins de 15 points : Malheureusement, tu ne te sens pas du tout bien dans ta peau. Tu peux parfois arriver à ne pas trop y penser, mais sans plus. Ton corps et ta féminité sont des sources de malaise. Prends ton courage à deux mains et parles-en à tes parents ou à un professeur. Ils pourront te diriger vers un professionnel qui t'aidera à apprivoiser ton corps et à te sentir bien dans ta peau !

Dix trucs pour t'aider à avoir un corps en santé

1. Trouve une activité physique plaisante, que tu pourras pratiquer régulièrement. Cette activité sera pour toi synonyme de bien-être.
2. Prends l'habitude de te coucher à heure fixe pour permettre à ton corps de récupérer.
3. Écoute ton corps. Quand il a besoin de repos, arrête-toi, fais une sieste ou mets-toi au lit plus tôt que prévu.
4. Prends l'habitude de manger sainement, en te permettant tout de même des écarts. Tout est une question d'équilibre.

5. Prends le temps d'apprécier l'heure des repas et évite de faire plusieurs choses en mangeant. De cette façon, tu sentiras plus rapidement la satiété.

6. Mastique bien les aliments pour favoriser la digestion.

7. Essaie de ne pas trop surcharger tes batteries avec des boissons énergisantes ou caféinées.

8. Apprends à méditer, à voir en pensée ce que tu souhaites accomplir.

9. Évite de manger lorsque tu es anxieuse. Va plutôt faire une promenade.

10. Apprends à bien respirer pour oxygéner adéquatement ton corps et ton cerveau. Des CD et des livres peuvent t'aider à acquérir de bonnes techniques de respiration.

TIENS-TU UN JOURNAL INTIME ?

Si tu préfères, tu peux répondre aux prochaines questions dans ce journal, à l'abri des regards indiscrets. Écris tout ce qui te vient à l'esprit, même si c'est difficile de trouver les bons mots.

Penses-tu avoir un corps en bonne santé ? Quelles sont, selon toi, tes meilleures habitudes de vie ? À propos de quels aspects penses-tu qu'il y a place à l'amélioration ?

AU RÉGIME ?

> Si tu envisages de suivre un régime amaigrissant, tu peux consulter un professionnel de la nutrition, une infirmière ou toute autre personne compétente à l'école ou au CLSC.

. . . .

La confiance en soi

Commencer par se respecter

La confiance en soi se construit dès l'enfance et dépend beaucoup du niveau d'estime de soi. Ton estime de soi s'élabore au fil de tes expériences, de tes actions et de tes relations. Plus tu accomplis des choses et plus tu sens que tu agis en fonction de ce que tu es vraiment, plus ton estime de soi grandit. À l'inverse, lorsque tu agis contre tes croyances ou tes valeurs, ton estime de soi s'appauvrit.

Par exemple, supposons que ton amie te demande de mentir pour lui éviter une punition, car elle est rentrée en retard à la maison. Si la franchise est primordiale pour toi, tu te sentiras mal de mentir et tu culpabiliseras peut-être. Tu te diras que tu as mal agi et tu auras tendance à te rabaisser, à penser que tu ne « vaux rien ». Ton estime de ta propre valeur diminuera donc.

Si, dans la même situation, tu choisis de mentir, parce que c'est l'amitié qui compte le plus pour toi et que tu sais que ton amie n'a rien fait de mal, tu n'éprouveras pas les mêmes scrupules. Tu sauras que tu as agi selon ce que tu croyais être le mieux et que tu as ainsi protégé ton lien d'amitié. Ton estime de soi risque alors moins d'en souffrir.

Estime de soi, confiance en soi. Quelle est la différence ?

L'estime de soi vient de l'intérieur. Elle dépend uniquement de **ta** perspective et de **ta** façon de voir les choses. La confiance en soi est un peu ta manière d'exprimer cette estime de soi vers l'extérieur, donc vers les autres, par tes gestes, tes choix et tes affirmations.

Estime de soi

Confiance en soi

L'opinion que tu te fais de toi-même, ce que tu crois valoir ou mériter.

La façon dont ton estime de soi s'exprime au quotidien par tes paroles et tes actes.

Découle du sentiment d'être fidèle à toi-même (croyances, valeurs, intérêts, besoins, etc.).

Découle de l'estime de soi.

Propre à toi : un sentiment intérieur que les autres ne peuvent observer.

Communiquée aux autres : n'appartient qu'à toi, mais peut être partagée et observée de l'extérieur.

Les encouragements, les preuves d'affection ou de soutien, et l'amour que tu reçois peuvent aussi contribuer à alimenter ton estime de soi, qui alimente à son tour ta confiance.

Par exemple, lorsque tu penses «je mérite d'être respectée», c'est que tu as une bonne estime de toi-même. Tu as donc plus de chances de pouvoir affirmer ce que tu es et dire quelque chose comme «je n'aime pas quand tu m'insultes». Si tu penses «je suis nulle, je ne vaux rien, je ne mérite rien de bon», tu as plus de chances de te laisser marcher sur les pieds et d'accepter la critique sans broncher.

> L'image que tu as de ton corps est en rapport direct avec ton degré de confiance en soi.

Dix façons de savoir si tu as une bonne estime de soi

1. Tu peux facilement te rappeler tes succès, tes bons coups.
2. Tu te sens bien dans ton corps.
3. Tu as confiance dans les gens qui t'entourent.
4. Tu t'adaptes assez bien à la nouveauté.
5. Tu te sens autonome, tu arrives à atteindre tes objectifs.

6. Tu es en mesure de te faire respecter dans tes relations.

7. Tu n'as pas peur d'exprimer ce que tu penses et ressens dans tes relations.

8. Tu es capable de reconnaître ce qui t'appartient dans les conflits.

9. Tu peux être tolérante face aux autres et envers toi-même.

10. Tu acceptes la critique sans te sentir diminuée.

C'est normal que ta confiance en soi n'atteigne pas encore des sommets, car elle est toujours en construction. Efforce-toi d'être fidèle à toi-même, de te respecter et de respecter ton corps, et ta confiance émergera naturellement, avec le temps.

 AS-TU CONFIANCE EN TOI?

	oui	+ ou −	non
Affirmations			
Je sens que je mérite d'être aimée.			
Je sens que je mérite le respect des autres.			
Je ne suis pas encline à me laisser marcher sur les pieds.			
Même lorsque je manque de confiance, je parviens à dire ce que je pense.			
Habituellement, je me sens acceptée par les autres.			
Je n'ai pas peur d'être rejetée quand j'exprime mes opinions.			

Je n'ai pas tendance à me focaliser sur mes défauts.			
Je pense souvent à moi en termes positifs.			
J'arrive à contrôler mes peurs et à prendre ma place dans mes relations.			
Je parviens aisément à demander de l'aide aux adultes.			
Je vis bien les disputes avec mes amies, parce que je sais que tout rentrera dans l'ordre peu après.			
Quand je suis stressée, je ne panique pas pour autant.			
Il est facile pour moi de prendre des risques raisonnables.			
J'accepte bien les règles et les limites.			
Je me sens confiante dans l'avenir.			
Les contacts physiques ne m'intimident pas.			
J'accepte facilement les compliments.			
Je parviens facilement à me reposer et à me détendre.			

Résultats

Si tu as surtout répondu **Oui** à ces questions, ton niveau de confiance est plutôt bon. En plus d'accepter tes forces et tes faiblesses, tu ne te laisses pas facilement gagner par l'insécurité.

Si tu as surtout des **Plus ou moins,** ta confiance est insuffisante. Tu doutes souvent de toi, tu hésites à prendre des risques et à t'affirmer.

Si tu as surtout répondu **Non** à ces questions, ton niveau de confiance et d'amour-propre est sous le seuil critique. Tu as besoin d'aide pour rehausser ton estime de soi, sans quoi tu risques d'être paralysée par tes peurs et de ne pas pouvoir t'affirmer et te faire respecter dans tes relations.

Astuces pour augmenter ta confiance

1. Accepte les compliments : si on te les adresse, c'est que tu les mérites.

2. Prête attention à ce que les gens qui t'aiment disent de toi : ce sont souvent de bons guides pour te faire voir tes qualités.

3. Mets-toi en valeur, par exemple par un nouveau *look* qui met l'accent sur tes yeux, tes cheveux, ou sur tout autre attribut que tu aimes.

4. Fais preuve d'humour, dédramatise les situations fâcheuses.

5. Sache que tu as droit à l'erreur.

6. Accepte la critique et tente de la rendre positive.

7. Développe de bonnes habitudes de vie.

8. Fixe-toi des objectifs réalistes.

9. Prends des risques, accepte de sortir de ta zone de confort pour repousser tes limites, dis-toi que tu peux y arriver.

10. Apprends à affronter tes peurs plutôt que de les éviter.

11. Fais la liste des choses que tu aimes chez toi (tes qualités, tes habiletés, certains éléments de ton apparence, etc.). Au besoin, demande à tes proches d'énumérer tes qualités. Parfois, on a tendance à se juger sévèrement, et cela peut nous réconforter de connaître les qualités que les autres apprécient chez nous.

12. Dresse la liste de tes succès et réussites.

13. Essaie de te recentrer sur tes forces et de les exploiter.

14. Soigne ta posture, tiens-toi droite, la tête haute et le regard fier : tu te sentiras plus confiante.

15. Sois attentive à tes réactions physiques, mais aussi émotives (quand te sens-tu bien, colérique, triste ?).

16. Prends du temps pour toi, fais-toi couler un bain chaud, pratique ton sport préféré, va au cinéma, etc.

17. Essaie de te découvrir de nouvelles passions. N'y a-t-il pas quelque chose que tu rêves de faire depuis ton enfance ? Pourquoi ne pas prendre le temps de relever de nouveaux défis ?

BOÎTE À OUTILS

 À LAQUELLE DES QUATRE HÉROÏNES
T'IDENTIFIES-TU LE PLUS,
RELATIVEMENT À L'IMAGE DE SOI ?

1. Quelle est ton attitude par rapport à la mode et à tes choix vestimentaires ?

a) Je m'habille comme je veux et non pour impressionner les autres.

b) J'aime me sentir belle, alors je porte des tenues un peu plus séduisantes à l'occasion.

c) Je veux surtout être confortable.

d) J'aime être bien habillée, mais sans trop m'exposer aux regards.

2. Comment te sens-tu dans ton corps de femme ?

a) Je ne me sens pas toujours à l'aise avec mes rondeurs, mais je m'en accommode du mieux que je peux.

b) La plupart du temps, je me sens séduisante et j'aime le corps que j'ai.

c) Je ne me sens pas particulièrement féminine.

d) Mon corps est important pour moi, mais je n'en fais pas pour autant un outil de séduction.

3. Quelle importance accordes-tu à ton poids ?

☐ a) Je n'ai pas peur de gagner quelques kilos, j'aime la bonne bouffe.

☐ b) Même si mon poids est dans la norme, je fais attention à ma ligne afin de rester svelte et attirante.

☐ c) Mon mode de vie m'assure un poids minceur, ce qui est important pour moi.

☐ d) Je fais attention de ne pas trop engraisser, principalement parce que je veux continuer de plaire à mon copain.

4. Quel est ton rapport à la nourriture ?

☐ a) J'ai tendance à m'empiffrer quand je suis contente et quand je suis fâchée. Je mange mes émotions.

☐ b) Je ne fais pas toujours attention à ce que je mange, mais juste assez pour entretenir un corps qui fait l'envie des autres.

☐ c) Je suis très sportive et mon alimentation est équilibrée.

☐ d) Je prête attention à mon alimentation et je fais aussi de l'exercice.

5. As-tu le sentiment que ton image sociale correspond à ton image intérieure ?

☐ a) Oui, même si je ne suis pas toujours à l'aise, je crois être la même en public qu'en privé.

☐ b) Non, j'aime bien en mettre plein la vue pour impressionner les autres, mais je suis moins sûre de moi quand je suis seule.

☐ c) Oui, mon *look* est conforme à ce que je suis : je ne me cache pas.

☐ d) Pas tout à fait : j'aimerais en dévoiler un peu plus pour me sentir tout aussi belle et séduisante que mes amies.

● **6.** En quoi l'opinion des garçons influence-t-elle ton apparence ?

☐ a) Même si j'aime qu'on me trouve jolie, mes choix vestimentaires ne dépendent pas seulement du regard des gars. Je me dis que si un gars s'intéresse vraiment à moi, il va me prendre telle que je suis.

☐ b) J'ai besoin de me sentir admirée, alors je m'habille parfois de manière à attirer les garçons.

☐ c) Je n'accorde aucune importance aux garçons, alors leur opinion ne détermine pas mes choix vestimentaires.

☐ d) C'est sûr que l'opinion de mon copain m'importe, mais mon *look* est surtout déterminé par les exigences de ma famille.

● **7.** À qui cherches-tu à plaire avant tout ?

☐ a) À moi, pas question de changer pour qui que ce soit.

☐ b) À tout le monde, surtout aux gars.

☐ c) À mes parents, particulièrement à ma mère.

☐ d) À moi-même, mais aussi à mon copain.

● **8.** As-tu l'impression de maîtriser ton appétit ?

☐ a) Je sais que j'ai une bonne fourchette et que je mange parfois plus qu'à ma faim, alors je ne contrôle pas entièrement mon appétit.

☐ b) Je fais attention, mais je ne contrôle pas excessivement ce que je mange et je me permets des excès de temps à autre.

☐ c) Je me contrôle parfaitement bien et je choisis minutieusement tout ce que je mange.

☐ d) Je n'en fais pas une obsession, mais je pense généralement avoir un bon contrôle sur mon appétit.

9. Comment te sens-tu quand on critique ton apparence?

☐ a) Il m'arrive de réagir vivement et d'être dure dans mes propos. Je peux toutefois le reconnaître et m'en excuser.

☐ b) J'accepte les critiques, mais je suis aussi très franche et parfois un peu abrupte lorsque je parle de l'apparence des autres.

☐ c) Je suis assez tolérante envers la critique. J'ai confiance en moi et j'aime mon *look*.

☐ d) Je me remets facilement en question, je doute de moi et je me sens anxieuse quand on me fait des remarques sur mon apparence.

10. À quelle(s) personne(s) de ton entourage t'identifies-tu le plus dans ton rapport au corps?

☐ a) Aux femmes de ma famille.

☐ b) À des vedettes.

☐ c) À ma mère.

☐ d) Ce n'est pas un sujet qu'on aborde dans ma famille.

Interprétation des résultats

Si tu as surtout des **A**, tu ressembles davantage à Giulia

Giulia a une image de son corps qu'elle transpose dans son attitude affirmée et confiante quant à sa valeur. Bien qu'elle soit insatisfaite de certaines parties de son corps, elle refuse de se laisser dicter son habillement et son *look* par les stéréotypes sociaux, encore moins par les garçons. Cela ne l'empêche pas d'éprouver parfois des doutes quant à son pouvoir de séduction, surtout quand elle est seule. Peut-être que, comme Giulia, tu as aussi quelques kilos en trop, mais cela ne t'empêche pas de porter les vêtements qui te plaisent. Pas question que ton corps t'impose un style vestimentaire!

Si tu as surtout des **B**, tu ressembles davantage à Raphaëlle

En public, Raphaëlle aime provoquer les autres et attirer des regards de convoitise, mais n'y a-t-il pas, derrière ce besoin impérieux, un manque de confiance en soi ? Malgré cette assurance apparente, Raphaëlle a besoin de se sentir belle pour s'aimer. D'ailleurs, lorsqu'elle se retrouve seule, la confiance qu'elle affiche avec ses amies diminue et laisse apparaître ses appréhensions quant à son image. Es-tu, comme Raphaëlle, très confiante en présence des autres, mais anxieuse et pleine de doutes quand tu es seule devant ton miroir ?

Si tu as surtout des **C**, tu ressembles davantage à Sarah

Sarah semble confiante et bien dans son corps. Elle accepte la critique et n'attend pas l'approbation des garçons pour s'affirmer. Par contre, on sent que l'opinion de sa mère a une grande influence sur elle. Comment se sent-elle réellement quand les regards des autres se posent sur elle ? As-tu l'impression de vivre quelque chose de similaire ?

Si tu as surtout des **D**, tu ressembles davantage à Jasmine

Jasmine se trouve jolie avec ses membres fins, ses cheveux soyeux, ses yeux en amande. Elle semble toutefois entretenir un rapport ambivalent à son corps : elle a certes le désir de plaire, mais elle semble se heurter à un tabou relativement à la nudité. Jasmine se sent différente des autres filles, puisqu'elle ne peut pas, comme elles, porter des jupes, des chemisettes ou autres vêtements légers. Elle ne peut pas non plus montrer sa peau, encore moins ses cheveux, ce qui la fait douter de son aptitude à plaire et à séduire son amoureux Maxime. Toi, te sens-tu anxieuse face à ton amoureux ou aux garçons ? Y a-t-il dans ta famille des restrictions liées à la religion ou aux mœurs ?

En conclusion...

À l'adolescence, ton défi est de taille : trouver l'équilibre ; être toi-même tout en te faisant accepter et aimer des autres ! Pour y arriver, n'oublie pas ce que dit Raphaëlle : « Le look, c'est d'abord pour toi… Aime-toi, puis les autres t'aimeront. »

REMERCIEMENTS

Je remercie :

Erwan Leseul, pour son idée et sa confiance renouvelée
au fil des années, et à la formidable équipe, enthousiaste
et efficace, des Éditions de l'Homme ;

Louis Weyland, qui m'a donné le titre de la collection et
permis de mieux en comprendre les enjeux auprès de lui
et ses amis, et sans qui le vocabulaire et le comportement
de nos personnages ne seraient pas aussi réalistes… ;

l'Ordre des Psychologues du Québec, avec lequel j'ai travaillé
à plusieurs reprises comme journaliste et qui
m'a recommandé Marie-Josée Mercier ;

Marie-Josée Mercier, professionnelle et complice.

ALINE APOSTOLSKA

Je remercie :

tout d'abord ma famille : mon mari, complice
de tous les jours, et chacun de mes enfants ;

Aline, pour ton talent, et pour ta grande capacité à décrire
l'univers des ados à travers ces quatre filles ;

les Éditions de l'Homme, pour leur confiance, et pour la
contribution inestimable de leur équipe, sans qui cette
collection n'aurait pas vu le jour.

MARIE-JOSÉE MERCIER

LES AUTEURS

Aline Apostolska a publié une trentaine de livres pour les adultes et pour les jeunes. En 2012, elle a remporté le prix du Gouverneur général pour son roman *Un été d'amour et de cendres.*

Marie-Josée Mercier est psychologue et criminologue de formation. Travaillant auprès de familles depuis plus de dix ans, elle se spécialise dans les difficultés relationnelles et affectives et en protection de la jeunesse.

Suivez-nous sur le Web

Consultez nos sites Internet et inscrivez-vous à l'infolettre pour rester informé en tout temps de nos publications et de nos concours en ligne. Et croisez aussi vos auteurs préférés et notre équipe sur nos blogues!

EDITIONS-HOMME.COM
EDITIONS-JOUR.COM
EDITIONS-PETITHOMME.COM
EDITIONS-LAGRIFFE.COM

Achevé d'imprimer au Canada
sur papier Enviro 100% recyclé